革故鼎新

加快完善党的自我革命制度规范体系

金成波◎著

中央党校出版集团
国家行政学院出版社

图书在版编目（CIP）数据

革故鼎新：加快完善党的自我革命制度规范体系 / 金成波著．—北京：国家行政学院出版社，2023.9

ISBN 978-7-5150-2777-7

Ⅰ.①革… Ⅱ.①金… Ⅲ.①中国共产党—党的建设—研究 Ⅳ.①D26

中国国家版本馆 CIP 数据核字（2023）第 031079 号

书　　名 革故鼎新——加快完善党的自我革命制度规范体系
GE GU DING XIN——JIAKUAI WANSHAN DANG DE ZIWO GEMING ZHIDU GUIFAN TIXI
作　　者 金成波 著
责任编辑 王　莹　孔令慧
出版发行 国家行政学院出版社
（北京市海淀区长春桥路 6 号　100089）
综 合 办 （010）68928887
发 行 部 （010）68928866
经　　销 新华书店
印　　刷 北京盛通印刷股份有限公司
版　　次 2023 年 9 月北京第 1 版
印　　次 2023 年 9 月北京第 1 次印刷
开　　本 148 毫米×210 毫米　32 开
印　　张 5.5
字　　数 91 千字
定　　价 28.00 元

本书如有印装问题，可联系调换，联系电话：（010）68929022

前言

推进党的自我革命　谨防陷入制度陷阱

钱穆先生在评断中国历代政治得失时指出，中国的政治制度“相沿日久，一天天地繁密化。一个制度出了毛病，再订一个制度来防制它，于是有些却变成了病上加病”。后人把钱穆先生观察到的这一制度现象称作“钱穆制度陷阱”。它揭示了这样一个道理：制度繁密容易生出歧义，执行受到束缚，然后不断校正又易造成前后矛盾，最终失去效率与效力。

纵观我国历史，封建王朝确实罕有跨过“钱穆制度陷阱”的，究其原因，主要有以下几个方面。第一，制定的法律制度没有反映人民的意志。各个朝代的立法目的都越来越倾向于维护统治阶级的利益，即封建地主阶级的利益，并没有很好关照到人民的利益，由此在逐步超过民众承受极限之后危机显露，最终爆发动乱。第二，制定的法律制度没有与时俱进。法律制度需要随着社会的发展不断革新。如果制度规范的革新速度跟不上社会实践发展的速度，便会阻碍发展，进而形成新的社会矛盾，最终导致国家倾覆。第三，制定的法律制度过于技术化。法律制度越制定越多，而制度规范的繁杂以及立法技术的精细更多地给执法者操弄法律提供了空间，却给老百姓理解法律造成极大困难，最终超出一般人所认同与习以为常的范围，背离立法初衷，激化了社会矛盾。也许正基于这些考虑，老子尝言，“法令滋彰，盗贼多有”；《资治通鉴》中提到，“国将亡，必多制”。

抚古思今，“钱穆制度陷阱”依然值得我们警醒。经过建党 102 年、建国 74 年来的努力，尤其是新时代以来 10 多年的发展，我国的制度建设取得了长足的进步。2011 年，时任全国人大常委会委员长的吴邦国同志宣布，中国特色社会主义法律体系形成。时至今日，我国现存有效法律数量已达 297 部，加之行政法规、地方性法规、部门规章、地方政府规章等达 25000 多部。同时，截至

2022年6月，全党现行有效党内法规共3718部，其中，党中央制定的中央党内法规221部，中央纪委以及党中央有关部门制定的部委党内法规170部。党的二十大报告指出，我国“各领域基础性制度框架基本建立……中国特色社会主义制度更加成熟更加定型”。可见，我国制度建设的“四梁八柱”已经搭建起来，必须防止陷入“钱穆制度陷阱”，防止法律制度丰富但是不能带来繁荣的窘境。

习近平总书记讲过，“制度不在多，而在于精，在于务实管用，突出针对性和指导性。如果空洞乏力，起不到应有的作用，再多的制度也会流于形式”。防止陷入“钱穆制度陷阱”，要从既有制度与新设制度两个方面着手。一方面，对于现有制度，要加强体系化。制度的完备并不意味着纷杂的法律条文，出现新情况就制定新法，打补丁式立法恰恰不是体系化。亚里士多德曾经说过，法律确实不能完备无遗，不能写定一切细节。社会的发展滚滚向前，新的情况千变万化，总有法律制度覆盖不到的地方。制度的高级形态是体系化，制度的体系化要求更高的抽象，更高的简化。有效的制度不可能是一个单项的制度，而应是一个周延的制度体系。在党的二十大报告中，“体系化”是贯穿前后的一条主线，其中，“制度”一词共出现94次，“法治”一词出现50次，但是同时，“体系”一词出现了119次，尤其是报告第四到第十四部分的具体工作部署中，几乎每一部分都出现了关于“体系”的表述。可见，推进制度的体系化是制度建设的重中之重。另一方面，对于新设制度，要勇于自我革命。《中国共产党党内法规制定条例》（以下简称《党内法规制度条例》）规定，党内法规制定工作应当遵循“坚持便利管用，防止繁琐重复”的原则。中共中央印发《关于加强党内法规制度建设的意见》强调，党内法规制度“要于法周延、于事有效、务实管用、简便易行”。中共中央印发《中央党内法规制定工作规划纲要（2023—2027年）》提出，“制定《规范地方党委政策性文件制定工作规定》，推动地方党委文件精简数量、提高质量、改进文风，切实解决文件配套简单照搬照抄、上下一般粗问题”。由此，要根据上述规定，完善以党章为核心的党内法规体系，以制度建设的自我革命促成中国特色社会主义法治体系的日臻完善。

党的二十大报告强调，完善党的自我革命制度规范体系，形成坚持真理、修正错误，发现问题、纠正偏差的机制。健全党统一领导、全面覆盖、权威高效的监督体系。世上没有万世之法，立万世之法是虚妄的。法律制度一定要与时俱进，绝不能躺在祖宗之法上睡大觉。《礼记·大学》载“苟日新，日日新，又日新”，必须不断革故鼎新，谨防陷入“钱穆制度陷阱”。

CONTENTS

目录

第一章

依规治党的方位指南

一、依规治党的逻辑基础

习近平总书记在党的二十大报告中指出，要完善党的自我革命制度规范体系，坚持制度治党、依规治党。依规治党是“中国之治”的一个独特治理密码，是中国特色社会主义政治发展道路的重要组成部分，蕴含着深刻的历史逻辑、理论逻辑与实践逻辑。从这样三个视角来阐释依规治党的建构逻辑，把握其与中国历史发展进程的统一、与马克思主义理论的统一、与新时代发展进步的统一，有助于理解其历史本源、精神实质和实践特征，有助于更好地落实全面从严治党的战略方针，深入推进新时代党的建设新的伟大工程，以党的自我革命引领社会革命。

（一）依规治党的历史逻辑

历史逻辑是以历史时间为基础，以过去、现在和未来的辩证运动为推论，预见历史的未来发展趋势，证明历史发展规律性的内在逻辑，表现为历史发展的必然性。在中国革命、建设和改革的过程中，马克思主义不断形塑自身的理论样态和叙事构架，构成了中国近代以来历史发展的总体场景。习近平总书记提出，“一个国家实行什么样的主义，关键要看这个主义能否解决这个国家面临的历史性课题”①。中国共产党推进依规治党以其自身在历史变迁过程中的位置作为现实参照，具有深刻的历史逻辑。

依规治党的历史缘由。纵览国际共运史上无产阶级政党的兴衰存亡，都与其自身建设密切相关。苏共建党初期，列宁继承和发展了马克思恩格斯的无产阶级政党学说，强调“要使无产阶级能够正确地、有效地、胜利地发挥自己的组织作用（而这正是它的主要作用），无产阶级政党的内部就必须实行极严格的集中和极严格的纪律”②，从而推动了党的建设科学化与各项事业的快速发展。及至后期，苏共党内政治生态逐渐恶化，党组织内部呈现涣散堕落的状态，党的肌体开始受到侵蚀。这说明严肃、规范并且不断发展完善的制度是党的建设的重要保障，只有制度才能够保障从严治党的稳定性和长期性。从我们党自身建设的经验来看，自中国共产党诞生以来，党内

① 《习近平谈治国理政》，外文出版社 2014 年版，第 22 页。
② 《列宁全集》第 39 卷，人民出版社 1986 年版，第 24 页。

法规制度建设紧紧围绕政治大局推进，始终与党的奋斗历程相伴相随，与党的建设和党的事业同向同行。历史和现实一再证明，依规治党是实现全面从严治党的治本之策，是提高党的建设科学化水平的制胜法宝，特别是中国特色社会主义进入新时代，面对世界百年未有之大变局，依规治党从根本上决定着“五位一体”和“四个全面”两大布局建设的成败得失。

依规治党的历史演进。中国共产党自建党时起就形成了比较明确的章程意识和规范观念。1922 年，党的二大通过《中国共产党章程》，这是我们党的第一部党章。1938 年，毛泽东在党的六届六中全会上提出了“党内法规”的概念。整个新民主主义革命时期，依规治党的实践重点在于新生政权通过规范化的组织管理有效协调党、政、军、民之间的关系，这为后期的依法执政打下了良好基础。新中国成立之后，1956 年，党的八大通过的《中国共产党章程》是中国共产党成为执政党后制定的第一部党章，也是党在执政初期探索党的建设经验的总结。但是随着反右派斗争扩大化及“文化大革命”的发生，党内的制度建设陷入停顿。改革开放以后，依规治党实践重新步入正轨。邓小平提出，国要有国法，党要有党规党法，没有党规党法，国法就很难保障。这一时期，随着我们党对法规制度重视程度的不断提高，党内法规制度建设更加自觉而理性。党的十八大以来，以习近平同志为核心的党中央高度重视制度治党、依规治党，把加强党内法规制度建设作为全面从严治党的长远之策、根本之策，作为事关党长期执政、国家长治久安的重大战略任务。至 2021 年建党百年，我们已经形成比较完善的党内法规体系，已经制定的党内法规得到较好的执行，广大党员干部尊规学规守规用规意识明显增强，党内法规制度优势较好转化为我们党管党治党、治国理政的治理效能。

依规治党的历史规律。认清历史方位，方能增强历史自觉。习近平总书记强调，进一步把握历史发展规律和大势，始终掌握党和国家事业发展的历史主动。[①] 中国共产党建党百年的历史，也是一部依规治党的历史，纵观依规治党的百年演进，总结起来，最基本的规律就是：治国必先治党，治党务必从严，从严必依法度。办好中国的事情，关键在党。中国共产党在我国不仅是执政党，更是国家政权和整个社会的领导党，党的性质、党在国家和社会生活中所处的地位、党肩负的历史使命要求我们治国必先治党。党坚强有力，事业才能兴旺发达，国家才能繁荣稳定，人民才能幸福安康。治党务必从严，这是中国共产党夺取政权和建设国家的重要历史经验，是保持党的先进性和纯洁性，增强党的凝聚力和战斗力的保证。我们

---

① 《习近平谈治国理政》第 4 卷，外文出版社 2022 年版，第 510 页。

党主要靠什么来推进从严治党？要靠思想建党和制度治党相结合，根本上要依靠制度治党，因为法规制度更带有根本性、全局性、稳定性、长期性。对于我们这样一个大党，在这样一个大国长期执政，发挥总揽全局、协调各方的领导核心作用，制度治党是“不二法门”。在制度治党的诸多制度中，居于脊梁地位、发挥中坚作用的是党内法规，党内法规因党而生、因党而立、因党而兴。我们党建立的以党内法规体系为主干的一整套系统完备的党的制度在世界上是独一无二的，彰显出中国共产党作为世界上最大的政党具有的大党的气派、大党的智慧和大党的治理之道，昭示了我们党长期执政、充满活力不是偶然的，而是有可靠的制度作为保障和支撑的。

（二）依规治党的理论逻辑

理论逻辑是指客观对象内在要素之间或者事物内在结构之间的必然性联系和内在特质规定性，它是不依主体的主观意志为转移的客观必然性。马克思主义向来重视理论对实践的指导作用。恩格斯说：“一个民族要想站在科学的最高峰，就一刻也不能没有理论思维。”[①] 列宁指出：“没有革命的理论，就不会有革命的运动。”[②] 党的事业每前进一步都离不开理论创新，

① 《马克思恩格斯全集》第20卷，人民出版社1971年版，第384页。
② 阿历山大罗夫主编《辩证唯物主义》，人民出版社1954年版，第2页。

取得的每一个成就都是理论创新的结果。中国共产党推进依规治党有先进的理论作指导，并在中国具体实践中不断推进理论创新、进行理论创造，具有深刻的理论逻辑。

依规治党的理论基础。马克思主义是我们立党立国的根本指导思想，是我们党的灵魂和旗帜，是指引中华民族伟大复兴的科学理论，是我们认识世界、把握规律、追求真理、改造世界的强大思想武器。中国共产党人始终以马克思主义为基石，把马克思主义基本原理同中国具体实际相结合、同中华优秀传统文化相结合，坚持运用辩证唯物主义和历史唯物主义，回答时代和实践提出的重大问题，推进马克思主义中国化时代化。依规治党在各个历史时期都坚持以马克思主义及其中国化时代化创新理论为指导，坚持实事求是，在科学理论与中国革命、建设、改革，走向中华民族伟大复兴实践的结合中推进党的制度建设，确保党内法规制度建设适应不同时期坚持和加强党的建设和党的领导的实际需要。

依规治党的理论内核。习近平总书记在庆祝中国共产党成立 100 周年大会上深刻指出："我们党历经千锤百炼而朝气蓬勃，一个很重要的原因就是我们始终坚持党要管党、全面从严治党。"[①] 可见，中国共产党能够始终保持组织活力和革命动

① 《习近平谈治国理政》第 4 卷，外文出版社 2022 年版，第 13 页。

力的密钥就在于，中国共产党从成立之初就确立了以党内制度来规范党组织活动与党员行动的优良传统。依规治党的理论内核就是党要管党、从严治党。中国共产党与马克思主义政党一脉相承，严明的纪律规矩是马克思主义政党与生俱来的内在品质和显著标识，从马克思主义政党的纲领性文献《共产主义者同盟章程》和《共产党宣言》，到马克思、恩格斯、列宁关于无产阶级政党建设的经典著作中，无不体现对纪律的严格要求。《中国共产党章程》提出，“党的纪律是党的各级组织和全体党员必须遵守的行为规则，是维护党的团结统一、完成党的任务的保证。党组织必须严格执行和维护党的纪律，共产党员必须自觉接受党的纪律的约束”。《关于新形势下党内政治生活的若干准则》提出：“纪律严明是全党统一意志、统一行动、步调一致前进的重要保障，是党内政治生活的重要内容。必须严明党的纪律，把纪律挺在前面，用铁的纪律从严治党。”

依规治党的理论框架。习近平总书记指出，依规治党，首先是把纪律和规矩立起来、严起来，执行起来。[①] 可见，推进依规治党是一个系统工程，必须同时做到有规可依、有规必依、执规必严、违规必究。其中，有规可依是前提，这是对党

---

① 中共中央纪律检查委员会、中共中央文献研究室编《习近平关于严明党的纪律和规矩论述摘编》，中央文献出版社、中国方正出版社2016年版，第60页。

内法规制定部门提出的要求，要加紧制定各类党内法规，完善党内法规制度体系；有规必依是核心，这是对广大党员和党组织提出的要求，必须严格遵守党内法规；执规必严是关键，这是对党内法规的执行机关提出的要求，制度的笼子建起来了，关键还在于把制度的笼子扎细、扎密、扎牢；违规必究是保障，这是对监督机关提出的要求，按照党规党纪，任何人都没有“丹书铁券”，在制度面前人人平等。这四个方面层层递进，环环紧扣，相互依存，缺一不可，涵盖党内法规的制定、执行、遵守、适用等各项工作，搭建起了依规治党的基本理论框架。

（三）依规治党的实践逻辑

实践逻辑是对正在进行的实践活动的必然性和规律性的概括，不仅体现在它是实践活动的产物，而且体现在它是在不断接受客观实践的检验并不断得到验证的过程中发展的。实践的观点是马克思主义认识论的基本观点，中国特色社会主义从一开始就深深地打上了实践的烙印。习近平总书记讲道，“我们中国共产党人干革命、搞建设、抓改革，从来都是为了解决中国的现实问题”①。依规治党一直紧扣时代发展的主题，聚焦

① 《中国共产党第十八届中央委员会第三次全体会议文件汇编》，人民出版社 2013 年版，第 90 页。

科学地认识、准确地把握、正确地解决管党治党过程中的各种问题，具有深刻的实践逻辑。

依规治党的实践需求。时代是思想之母，马克思、恩格斯指出：“一切划时代的体系的真正的内容都是由于产生这些体系的那个时期的需要而形成起来的。”① 依规治党是时代所需，是实践需求推动了中国共产党依规治党的不断创新发展，实践需求是中国共产党依规治党的核心动力。当前，如何把我们党这样一个大党、长期执政的党建设好，此无先例可循；党如何带领全国人民在长期处于社会主义初级阶段条件下走中国特色社会主义道路，此无先例可循；党如何在中国这样一个发展中大国执好政，发挥总揽全局、协调各方的领导核心作用，领导人民实现中华民族伟大复兴的中国梦，此无先例可循。既无先例可循，书本上又没有现成答案，那就得适应世情国情党情的发展变化，从实际出发，积极探索，摸着石头过河，依规治党的需求主要来自实践经验探索。过去，党内一度存在对坚持党的领导认识模糊、行动乏力的问题，存在落实党的领导弱化、虚化、淡化问题，对此，习近平总书记振聋发聩地指出：“如果管党不力，治党不严，人民群众反映强烈的党内突出问题得不到解决，那我们党迟早会失去执政资格，不可

① 《马克思主义经典作家论历史科学》，人民出版社 1964 年版，第 97 页。

避免被历史淘汰。”① 解决这些突出问题，就必须以“打铁必须自身硬”的气魄、以刀刃向内的非凡勇气进行自我革命，推进全面从严治党、依规治党。

依规治党的实践历程。任何一个时代的理论创新，本质上都是对这个时代发展主题的回应。必须正确认识党和国家所处的历史方位，紧紧围绕党的中心任务加强党的建设。中国共产党在成立后的百年中，将马克思主义基本原理与中国实践相结合，在领导中国革命、建设和改革发展的具体实践中，不断分析中国的具体情况，探索总结实践经验，逐步形成建立在实践基础上的中国共产党自己的思想理论体系，逐步形成一整套管党治党的方法，依规治党便是方法之一。尤其党的十八大以来，以习近平同志为核心的党中央提出一系列重要论述，作出一系列重大部署，系统回答了新时代全面从严治党的形势怎么看、重点工作怎么抓、根本之策怎么定、基本路径怎么走等重大理论和实践问题，创造性地提出“坚持依规治党”，走出了一条通过依规治党推进全面从严治党的新路。回顾我们党走过的实践历程可以发现，依规治党不但传承了中国共产党在历史上形成的管党治党的宝贵经验，又紧密结合党在新条件下自身

---

① 中共中央宣传部编《中国特色社会主义学习读本》，学习出版社 2013 年版，第 148 页。

建设和事业发展的新情况，显示出鲜明的时代特点，谱写了新时代党的建设新篇章。

依规治党的实践路线。马克思主义以实践范畴为逻辑起点和逻辑线索，揭示了自然社会人类思维发展的一般规律。中国化时代化的马克思主义的创立和发展是建立在具体的实践基础上的，实践路线是中国共产党不断推进理论创新的根本立场和根本方法，是中国共产党指导思想创新的核心经验。坚持实践路线，就是要坚持马克思主义基本原理与中国实践相结合、坚持在实践中创新和发展马克思主义、坚持实践是检验思想理论真理性的根本标准。依规治党的实践路线主要体现在要坚持依法治国和依规治党有机统一，思想建党和制度治党同向发力，以党的政治建设为统领全面推进党的各项建设，并把制度建设贯穿其中。

依规治党的历史逻辑、理论逻辑与实践逻辑辩证统一，集中体现出习近平新时代中国特色社会主义思想的科学性、时代性、指导性。三重逻辑彼此之间以及三重逻辑各自的内涵之间都不是孤立的、静止的，而是牢牢地凝合在一起、不断发展的整体。三重逻辑互为支撑，共同为依规治党提供了坚实的逻辑基石。要进一步追寻依规治党历史逻辑的现实意义，探求依规治党理论逻辑的内在意蕴，凝聚依规治党实践逻辑的磅礴力量，从而发挥依规治党的伟力，增强党自我净化、自我完善、自我革新、自我提高的能力，确保我们党坚守初心使命，永远不变质、不变色、不变味。

二、依规治党的根本遵循

为推进党的事业全面发展，党的十八大以来，以习近平同志为核心的党中央创新管党治党理论，探索从严治党新实践，把党的建设推向了更高水平，提出了依规治党。习近平总书记围绕依规治党发表了一系列重要论述，为新形势下依规治党向纵深发展提供了根本遵循、注入了强大动力。

（一）学习领会习近平总书记关于依规治党重要论述的核心要义

习近平总书记指出，加强党内法规制度建设是全面从严治党的长远之策、根本之策。我们党要履行好执政兴国的重大历史使命、赢得具有许多新的历史特点的伟大斗争胜利、实现党和国家的长治久安，必须坚持依法治国与制度治党、依规治党统筹推进、一体建设。[①] 学习贯彻习近平总书记关于依规治党的重要论述，既要深刻认识其理论特质，又要全面把握其核心

① 《坚持依法治国与制度治党、依规治党统筹推进、一体建设》，《人民日报》2016 年 12 月 26 日。

要义。

一是确定了依规治党的战略定位。治国必先治党，治党务必从严，从严必依法度。习近平总书记指出，从严治党，最根本的就是要使全党各级组织和全体党员、干部都按照党内政治生活准则和党的各项规定办事。[①] 法规制度带有根本性、全局性、稳定性、长期性的特征，按照制度办事的意义在于以制度化、程序化、具体化方式治理党内政治生活，保证党的先进性与纯洁性。据此，我们把党内法规制度体系纳入中国特色社会主义法治体系，进而提出执政过程中不仅要提高党依据宪法与法律治理国家的水平，也要提高我们党通过党内法规来治党管党的能力与水平。正是基于这样的认识，形成比较完善的党内法规制度体系，能够为提高党的执政能力和领导水平、推进国家治理体系和治理能力现代化、实现中华民族伟大复兴的中国梦提供有力的制度保障。

二是阐明了依规治党的核心内容。习近平总书记指出，依规治党，首先是把纪律和规矩立起来、严起来，执行起来。[②] 这告诉我们，推进依规治党是一个系统工程，必须同时做到有

① 中共中央纪律检查委员会、中共中央文献研究室编《习近平关于严明党的纪律和规矩论述摘编》，中央文献出版社、中国方正出版社 2016 年版，第 82 页。

② 中共中央纪律检查委员会、中共中央文献研究室编《习近平关于严明党的纪律和规矩论述摘编》，中央文献出版社、中国方正出版社 2016 年版，第 60 页。

规可依、有规必依、执规必严、违规必究。其中，有规可依是前提，这是对党内法规制定部门提出的要求，要加紧制定各类党内法规，完善党内法规制度体系；有规必依是核心，这是对广大党员和党组织提出的要求，必须严格遵守党内法规；执规必严是关键，这是对党内法规的执行机关提出的要求，制度的笼子建起来了，关键还在于把制度的笼子扎细、扎密、扎牢；违规必究是保障，这是对监督机关提出的要求，按照党规党纪，任何人都没有“丹书铁券”，在制度面前人人平等。这四个方面层层递进，环环紧扣，相互依存，缺一不可，涵盖党内法规的制定、执行、遵守、适用等各项工作。

三是指明了依规治党的着力方向。首先，坚持以党章为基本遵循。党章是党的根本大法，是立党管党治党的总章程，是全党必须遵循的总规矩。习近平总书记明确要求，党内政治生活的一切规范都要贯彻党章精神、体现党章要求、符合党章有关规定。[①] 可见，依规治党的根本依据是党章，党章是制定其他党内法规的基础，所有其他党内法规都是党章的延伸，必须服从和从属于党章。每一名党员都要无条件地履行党章规定的义务，遵守党的纪律。各级党组织要切实把党章作为指导党的

① 《踏上全面从严治党新征程——〈关于新形势下党内政治生活的若干准则〉和〈中国共产党党内监督条例〉诞生记》，《人民日报》2016 年 11 月 4 日。

工作、党内活动、党的建设的根本依据。其次，坚持以政治建设为统领。党的政治建设是党的根本性建设，决定党的建设方向和效果，要把党的政治建设摆在首位。党的政治建设抓好了，对党的其他建设可起到纲举目张的作用。依规治党必须牢牢抓住党的政治建设这个根和魂。最后，坚持以纪律建设为支撑。习近平总书记指出，党要管党、从严治党，靠什么管，凭什么治？就要靠严明纪律。[①] 纪律建设，是全面从严治党、依规治党的重要保障。要全面加强纪律建设，用严明的纪律管全党治全党。

（二）习近平总书记关于依规治党重要论述的重大意义

习近平总书记关于依规治党的重要论述，集中反映了以习近平同志为核心的党中央全面从严治党的丰富经验和重大成就，从全局和战略高度深刻回答了新形势下党内法规制度建设的一系列重大问题，深化了我们党对执政党建设规律和社会主义法治国家建设规律的认识，具有重大理论意义和实践意义。

重大的理论意义。其一，创新和发展了马克思主义的治党理论学说。严明纪律是马克思主义政党与生俱来的内在品质和

---

① 《把党风廉政建设和反腐败斗争进行到底——论学习贯彻习近平同志在十八届中央纪委三次全会讲话》，《人民日报》2014 年 1 月 15 日。

基本特征。从马克思主义政党的纲领性文献《共产主义者同盟章程》和《共产党宣言》，到马克思、恩格斯、列宁关于无产阶级政党建设的经典著作，其中无不体现对纪律的严格要求。1847年，世界上第一个无产阶级政党——共产主义者同盟组建时，马克思就鲜明指出，我们现在必须绝对保持党的纪律，否则将一事无成。严明的纪律和规矩也成为马克思主义政党区别于其他政党的重要标志。习近平总书记关于依规治党的重要论述，继承了马克思主义的治党理论学说，继续强调党规党纪的重要性，进一步创新地提出建立包括党纪在内的党内法规体系，进而通过党内法规来管党治党。其二，深化和拓展了党的制度建设的内涵和外延。改革开放之初，邓小平同志在深刻反思党的历史上的经验教训的基础上，提出了“执政党应该是一个什么样的党，执政党的党员应该怎样才合格，党怎样才叫善于领导”的问题，[①] 并在新的历史条件下对建设一个什么样的党、怎样建设党等党的建设基本问题进行了深入思考和积极探索。强调建立、健全和改革党内生活的各种必要制度，突出制度建党在党的建设中的地位和作用，正是这一思考和探索的重大成果。习近平总书记在总结邓小平同志制度治党思想

① 刘武生等编《论社会主义精神文明建设》，人民出版社1986年版，第43页。

的基础上，创造性地提出依规治党，让依规治党成为制度治党的总抓手，这是对传统党建思想的重大创新。其三，完善和丰富了中国特色社会主义法治体系。全面推进依法治国总目标是建设中国特色社会主义法治体系、建设社会主义法治国家。要加快建设中国特色社会主义法治体系，不可或缺的一点是要形成完善的党内法规体系，把全面依法治国推向前进。党内法规既是管党治党的重要依据，也是建设社会主义法治国家的重要保障。习近平总书记指出，依规治党深入党心，依法治国才能深入民心。[①] 这充分肯定了依规治党对依法治国的引领和保障作用。

深刻的实践意义。其一，推动全面从严治党开创新局面。党的十八大以来，习近平总书记从协调推进“四个全面”战略布局的制高点，高度重视制度治党、依规治党，提出了一系列重要思想和论述，同时作出了一系列重大部署，使得很多过去长期想解决而没有解决的问题得到了解决，推动新时代全面从严治党取得了历史性、开创性成就，产生了全方位、深层次影响。依规治党使得全面从严治党走向制度化、科学化的“善治”轨道，为全面从严治党提供了根本的

① 中共中央宣传部编《习近平新时代中国特色社会主义思想学习纲要》，学习出版社、人民出版社 2019 年版，第 102 页。

制度保障。其二，推动依法治国战略进入新阶段。党的十八届四中全会提出，党内法规既是管党治党的重要依据，也是建设社会主义法治国家的有力保障，要加强党内法规制度建设，完善党内法规制定体制机制，形成配套完备的党内法规制度体系，运用党内法规把党要管党、从严治党落到实处。这指明了中国特色社会主义法治体系建设的路径和方向，为依法治国提供了价值引领。各级党组织和全体党员不仅模范遵守宪法法律，而且按照党规党纪以更高标准严格要求自己，感召和带动全体人民依法办事，为依法治国提供了良好示范和有利氛围。其三，推动国家治理体系迈向现代化。办好中国的事情，关键在党。中国共产党的领导是中国特色社会主义最本质的特征。[①] 党的领导地位和执政地位决定了党的建设与国家治理的融合性和一体性，国家治理体系建设首先是强化党在国家治理体系中的领导作用，国家治理能力现代化首先是党的执政能力现代化。依规治党的提出保障了党的先进性和纯洁性，党的执政能力和领导水平切实提高，党的创造力、凝聚力、战斗力不断增强，国家治理就有了坚实的前提和可靠的保证。

---

① 栗战书：《坚决维护党中央权威（学习贯彻党的十八届六中全会精神）》，《人民日报》2016 年 11 月 15 日。

（三）持续推进依规治党，把制度优势转化为治理效能

深入学习贯彻习近平总书记关于依规治党的重要论述，就要查摆制度运行过程中存在的问题，通过治理体系的完善和治理能力的提升来解决这些问题，进而把依规治党的制度优势转化为国家治理的效能。

一要加快完善党内法规的制度体系，为依规治党提供制度遵循。近年来，中共中央陆续制定了《中央党内法规制定工作五年规划纲要（2013—2017 年）》和《中央党内法规制定工作第二个五年规划（2018—2022 年）》，出台了《深化党的建设制度改革实施方案》，印发了《关于加强党内法规制度建设的意见》。这些重要文件的出台对党内法规制定工作进行了统筹安排和顶层设计，增强了党内法规制定工作的系统性、整体性和计划性，有利于党的统一领导，有利于协调推进党内法规制定工作。新时代以来，党中央针对全党重大问题，出台了 147 部实践亟需、务实管用的中央党内法规，占现行有效中央党内法规的 70%，填补了大量制度空白，引领带动党内法规体系建设加速推进。① 可以说，党内法规的“四梁八柱”已经建立起来，党内生活的主要领域基本实现了有章可循、有规可

① 中共中央办公厅法规局：《新时代党内法规制度建设的历史性成就》，《习近平法治思想研究与实践》2022 年第 6 期。

依。但也要看到，与党肩负的历史重任以及当前面临的大量新情况、新问题对党的制度建设提出的新要求相比，党内法规建设还不够健全完善。我们要按照党的十九大报告及党的二十大报告提出的新时代党的建设总要求，加快形成“全覆盖”的党内法规制度体系，尽快形成完善的党内法规制度体系、高效的党内法规制度实施体系、有力的党内法规制度建设保障体系，完成党依据党内法规管党治党的能力和水平显著提高的总目标。

二要持续推进依规治党的深入实施，使依规治党深入党心。严格执行党内法规是全面从严治党的有效途径。全面从严治党，关键在“严”、要害在“治”。“严”和“治”的标准是什么？就是党内法规。党内法规制度建设坚持党纪严于国法、突出党纪特色，为全面从严治党确立了标准、提供了尺子。然而，制度的生命力在于执行。习近平总书记曾指出，我们的制度不少，可以说基本形成，但不要让它们形同虚设，成为“稻草人”，形成“破窗效应”。[①] 因此，应该着力提高党内法规的执行力，推进依规治党的深入实施。具体地，需要从主观客观两个方面着力：一方面，党员领导干部要增强学

① 中共中央纪律检查委员会、中共中央文献研究室编《习近平关于严明党的纪律和规矩论述摘编》，中央文献出版社、中国方正出版社 2016 年版，第 81 页。

习贯彻党内法规制度的思想自觉、政治自觉和行动自觉，切实强化党规意识，坚持原则，恪守规矩，严格按法规制度办事；另一方面，切实加大制度执行的监督力度，逐步完善党内法规执行的配套制度，形成制度执行的合力，使依规治党更加规范有序。

三是坚持依法治国和依规治党有机统一。习近平总书记指出，党和法的关系是一个根本问题，处理得好，则法治兴、党兴、国家兴；处理得不好，则法治衰、党衰、国家衰。[①] 可见，依规治党和依法治国好比车之两轮、鸟之两翼，相辅相成，有机统一。我们既要在国家层面全面推进依法治国，也要在全党层面进一步推动依规治党。坚持依法治国与依规治党统筹推进、一体建设。一方面，要坚持党规党纪严于国家法律，党的各级组织和广大党员干部不仅要模范遵守国家法律，而且要按照党规党纪以更高标准严格要求自己；另一方面，要实现党内法规与国家法律的有机衔接，坚持以党章和宪法为基本遵循，将党章规定的“党必须在宪法和法律的范围内活动”和宪法规定的“必须坚持党的领导”的原则，贯彻到党内立规实践中，切实做好党内法规特别是党纪的立改废释工作，保证

① 中共中央文献研究室编《习近平关于全面依法治国论述摘编》，中央文献出版社 2015 年版，第 33 页。

党内法规制度体系与中国特色社会主义法律体系的内在统一。

四是依规治党与以德治党相结合。徒善不足以为政，徒法不能以自行。坚持依规治党和以德治党相统一，是治党、管党、建党的重要理念和举措。以德治党引导党员干部自觉向善向上，强化内在觉悟；依规治党通过刚性条款规范党组织和党员行为，强化外在约束。两者一内一外、一柔一刚，实现了对党员干部从思想到行为的“广谱”治理。我们党从创立起，就高度重视以德治党，以共同的理想信念激励党员、团结队伍。当前，面对党长期执政的各类风险挑战，如果精神“缺钙”、道德“软骨”、心灵空虚，近1亿名党员则很难凝心聚力、同心同德。由此，习近平总书记反复强调，理想信念就是共产党人精神上的“钙”，要切实解决好世界观、人生观、价值观这个“总开关”问题。① 新时代加强党的全面领导，不仅要重视依规治党，还要坚持以德治党，才能达到内外兼修、标本兼治的效果。

习近平总书记指出，管党治党不仅关系党的前途命运，而且关系国家和民族的前途命运，必须以更大的决心、更大的气

① 参见鞠鹏《对照检查中央八项规定落实情况讨论研究深化改进作风举措》，《人民日报》2013年6月26日。

力、更大的勇气抓紧抓好。[1] 我们必须坚持改革创新、与时俱进，扎实推进党的工作和党的建设制度化、规范化、程序化，不断提升党依据党内法规管党治党的能力和水平，确保党始终成为中国特色社会主义事业的坚强领导核心，推动党的制度优势更好地转化为治国理政的实际效能。

---

① 《全面贯彻落实党的十八届六中全会精神　增强全面从严治党系统性创造性实效性》，《人民日报》2017 年 1 月 7 日。

第二章

构建完善的党内法规制度规范体系

党的十八届三中全会提出，紧紧围绕提高科学执政、民主执政、依法执政水平深化党的建设制度改革。随后，党的十八届四中全会提出，加强党内法规制度建设，要“完善党内法规制定体制机制，加大党内法规备案审查和解释力度，形成配套完备的党内法规制度体系”，要将“形成完善的党内法规体系”作为建设社会主义法治体系的重要组成部分。可见，党内法规体系的完善成为党的制度建设和中国特色社会主义法治体系建设的重要内容。2021 年，习近平总书记在庆祝中国共产党成立 100 周年大会上宣布，我们党已经“形成比较完善的党内法规体系”，党中央确立的到建党 100 周年时形成比较完善的党内法规体系的目标如期实现，这在党内法规制度建设、党的建设以及推动国家治理现代化历史上都具有里程碑式的重大意义。党中央印发的《法治中国建设规划（2020—2025 年）》明确要求，到 2025 年“党内法规体系更加完善”，从“比较完善”到“更加完善”再到“完善”，需要一个接续奋斗的过程。[①]

一、现行党内法规体系的内容

党内法规体系到底包括哪些内容，学界有多种概括。根据《党内法规制定条例》的规定及中共中央办公厅法规局的统计和分类，现行的党内法规体系由四个层次组成，分别是党章，准则，条例，以及规定、办法、规则、细则等其他规范性文件。党章是党内“根本大法”；准则与条例是党内法规体系的主干；数千件规定、办法、规则、细则是党内法规体系的枝叶。[②] 下面以此为基础，展开对党内法规体系的内容的介绍。

作为党内法规体系中“激励和规范全党行为的总章程”[③]，党章是经党的全国代表大会决议、以全党的名义制定的，是贯穿于党的一切活动与建设中的最高准则。[④] 因为党章自身所具有的崇高地位，其相应地体现出以下四个特点：第一，极强的

① 王伟国：《形成比较完善的党内法规体系具有里程碑意义》，《民主与法制时报》2021 年 11 月 11 日。

② 杨绍华：《夯实党执政治国和自身建设的制度基础——中共中央办公厅法规局负责人答记者问》，《求是》2014 年第 2 期。

③ 叶笃初：《党章：激励和规范全党行为的总章程——学习胡锦涛同志在中央纪委第六次全体会议上的讲话》，《求是》2006 年第 6 期。

④ 姚岳绒：《论党章与宪法的关系》，《河北法学》2012 年第 2 期。

政治性。作为体现中国共产党意志的最具有代表性的文献，党章是全党上上下下共同秉持信念的集合，党章所规定的党的性质、指导思想、宗旨与奋斗目标都是中国共产党作为一个政治组织的核心理念。因此党章的首要特点就是其政治性。第二，效力的普遍性。党的正常运作必须以一定的行之有效的运行规则为基础，党章对党员的权利与义务、党的组织制度和纪律等事项的规定适用于所有党员的所有行为，具有普遍的效力。第三，至高的权威性。根据《党内法规制定条例》第 27 条规定，党内法规在发布之前需要经过审核，其中第二项标准就是"是否同党章、党的理论和路线方针政策相抵触"。可见，党章作为所有党内法规的"母规定"具有至高无上的权威性。第四，修改的严格性。能够对党章进行制定与修改的主体只能是中国共产党的最高领导机关党的全国代表大会，这要比其他党内法规更为严格。同时，党章的具体修订流程也体现了其严格性，专门成立的修改小组需要就修改向各地区各部门征求意见，然后将修改建议方案报中央政治局常委会、中央政治局会议审议，由中央政治局会议讨论通过拟提请党的中央委员会讨论的党章修正案，随后，党的中央委员会讨论研究并提请党的全国代表大会审议，最后由党的全国代表大会审议并通过。

按照《党内法规制定条例》所作定义，准则是指“对全党政治生活、组织生活和全体党员行为等作出基本规定”。准则在党内法规中具有极为重要的地位，效力仅次于党章。党内准则有1980年颁布的《关于党内政治生活的若干准则》、2010年颁布的《中国共产党党员领导干部廉洁从政若干准则》及2016年颁布的《关于新形势下党内政治生活的若干准则》。《关于党内政治生活的若干准则》由中共中央纪律检查委员会起草，在充分征集意见的基础上由党的十一届五中全会通过。这部准则内容丰富，既包含了反对思想僵化、坚持集体领导等原则，也有“对活着的人不许设纪念馆……禁止用党的领导人的名字作街名、地名、企业和学校的名字”等指导具体实践的规定。改革开放之初，党的组织、党员的党性观念和党的优良传统都有待进一步恢复，《关于党内政治生活的若干准则》的制定对此作出了回应，尤其是作了关于坚持党的政治路线和思想路线、坚持集体领导、反对个人专断、强调党的集中统一和党的纪律等方面的规定，在当时来说具有极为重要的拨乱反正的意义。[①]《中国共产党党员领导干部廉洁从政若干准则（试行）》发布于1997年，但是“试行”状态持续了12

① 徐庆全:《〈关于党内政治生活的若干准则〉公布之后》,《武汉文史资料》2012年第4期。

年，直到2009年底中共中央政治局正式审议通过，2010年正式发布实施。党中央根据党的十八大以来全面从严治党新的实践需要，印发《中国共产党廉洁自律准则》指出，此准则自2016年1月1日起施行，《中国共产党党员领导干部廉洁从政若干准则》同时废止。《中国共产党廉洁自律准则》坚持依规治党与以德治党相结合，紧扣廉洁自律主题，重申党的理想信念宗旨，重在立德，是党执政以来第一部坚持正面倡导、面向全体党员的规范全党廉洁自律工作的重要基础性法规，是对党章规定的具体化，是全面从严治党实践经验的总结，为党员和领导干部树立了一个看得见、够得着的高标准。其制定和实施对于深入推进党风廉政建设和反腐败斗争、加强党内监督、永葆党的先进性和纯洁性，具有十分重要的意义。《关于新形势下党内政治生活的若干准则》是全面从严治党实践形成的一系列举措的系统化，为严肃党内政治生活、净化党内政治生态提供了基本遵循。开展严肃认真的党内政治生活是我们党的优良传统和政治优势，此准则是针对新形势下党内政治生活中出现的各种不正之风，严重侵蚀党的思想道德基础，破坏党的团结和集中统一，损害党内政治生态和党的形象的种种问题所作出的新要求；同时也是完善“四个全面”战略布局的需要，是深化全面从严治党的需要。此准则的新规定和新举措十分明确，将教育、监督、查处、问责四方面的工作紧密结合，具有极强操作性。①考察三部准则的内容，我们可以发现，党内准则一般是针对党在某个时期或阶段中所存在的主要问题而制定，针对相关问题的规范和要求且较为全面，因此，三部准则是党内法规的基本规定。

在《党内法规制定条例》中，条例的定义是“对党的某一领域重要关系或者某一方面重要工作作出全面规定”。党内法规体系中现行有效的条例共有45部，表2－1按照条例发布年限的先后进行了汇总整理。

表2－1　党内法规体系中现行有效的条例

编号	条例名称	发布年份	发布部门	主要内容
1	《全民所有制工业企业职工代表大会条例》	1986	中共中央、国务院	职工代表选举、职工代表大会与工会的关系、车间与班组的民主管理
2	《全民所有制工业企业基层组织工作条例》	1986	中共中央、国务院	全民所有制工业企业党委的产生与职能、企业党员的教育和管理、企业思想政治工作

① 《严肃党内政治生活　推动全面从严治党——中共中央组织部有关负责同志就〈关于新形势下党内政治生活的若干准则〉答记者问》，《人民日报》2016年11月25日。

续 表

编号	条例名称	发布年份	发布部门	主要内容
3	《全国代表大会和地方各级代表大会代表任期制暂行条例》	2008	中共中央	党代表大会代表的权利与职责，党代表大会代表开展工作的方式、履行职责的保障，党代表大会代表资格的终止和停止
4	《中国人民解放军政治工作条例》	2010	中共中央、中央军委	军队的使命任务、建设目标和政治工作的指导思想、基本任务、工作原则、根本作风以及党的领导制度、政治机关的主要职责等
5	《党政机关厉行节约反对浪费条例》	2013	中共中央、国务院	党政机关经费管理、国内差旅、因公临时出国（境）、公务接待等事项的规范，宣传教育、监督检查、责任追究
6	《干部教育培训工作条例》	2015	中共中央	全国干部教育培训的管理体制，教育培训对象，教育培训内容，教育培训方式方法，教育培训机构、师资、课程、教材、经费、考核与评估
7	《中国共产党地方委员会工作条例（试行）》	2015	中共中央	组织和成员、职责、组织原则、议事和决策、监督和追责
8	《中国共产党党内监督条例》	2016	中共中央	各级党委与各级纪委以及党员在党内监督方面的职责、十种具体监督制度的实施程序、与监督制度相应的保障制度
9	《中国共产党工作机关条例（试行）》	2017	中共中央	党的工作机关的设立、职责、决策与执行、监督与追责等
10	《中国共产党巡视工作条例》	2017	中共中央	巡视机构设置、工作程序、人员管理、纪律与责任等

续 表

编号	条例名称	发布年份	发布部门	主要内容
11	《中国共产党党内功勋荣誉表彰条例》	2017	中共中央	勋章、荣誉称号、表彰、纪念章、待遇和管理
12	《国家功勋荣誉表彰条例》	2017	中共中央、国务院	国家勋章和国家荣誉称号，党中央、国务院、中央军委勋章和荣誉称号，国家级表彰奖励，部门和地方表彰奖励，纪念章，待遇和管理
13	《中国共产党党务公开条例（试行）》	2017	中共中央	党务公开的内容和范围、公开的程序和方式、对于公开的监督与追责
14	《中国共产党支部工作条例（试行）》	2018	中共中央	党支部的组织设置、基本任务、工作机制、组织生活，党支部委员会建设、领导和保障
15	《中国共产党纪律处分条例》	2018	中共中央	纪律处分的设置、纪律处分的运用规则、对违法党员的纪律处分、具体各项违纪行为及其处分规定
16	《社会主义学院工作条例》	2018	中共中央	社会主义学院的设置和领导体制，班次和学制，教学工作，科研工作，中华文化教育、研究和对外交流工作，学员管理，机关党建工作和队伍建设，办学保障，执行与监督
17	《中国共产党农村基层组织工作条例》	2019	中共中央	农村基层组织的设置、职责任务，经济建设，精神文明建设，乡村治理，领导班子和干部队伍建设，党员队伍建设，领导和保障

续 表

编号	条例名称	发布年份	发布部门	主要内容
18	《中国共产党重大事项请示报告条例》	2019	中共中央	党组织请示报告主体，党组织请示报告事项，党组织请示报告程序，党组织请示报告方式，党员、领导干部请示报告，监督与追责
19	《中国共产党政法工作条例》	2019	中共中央	党中央对政法工作的绝对领导、地方党委对政法工作的领导、党委政法委员会的领导、政法单位党组（党委）的领导、请示报告、决策和执行、监督和责任
20	《党政领导干部选拔任用工作条例》	2019	中共中央	党政领导干部选拔任用条件、分析研判和动议、民主推荐、考察、讨论决定、任职、依法推荐、提名、民主协商、交流、回避、免职、辞职、降职、纪律和监督
21	《中国共产党党组工作条例》	2019	中共中央	党组的设立、职责，组织原则，决策与执行，党组性质党委，监督与追责
22	《党政领导干部考核工作条例》	2019	中共中央	党政领导干部考核内容、平时考核、年度考核、专项考核、任期考核、考核结果确定、考核结果运用，组织实施，纪律与监督
23	《中国共产党党内法规制定条例》	2019	中共中央	党内法规制定的权限、规划与计划、起草、审批与发布、保障

续 表

编号	条例名称	发布年份	发布部门	主要内容
24	《中国共产党宣传工作条例》	2019	中共中央	组织领导和职责、宣传领域各方面工作（包括理论、新闻舆论和出版、思想道德建设、文化文艺、互联网宣传和信息内容管理、对外宣传、基层宣传工作、意识形态管理、加强党对宣传工作的全面领导、保障和监督）
25	《中国共产党农村工作条例》	2019	中共中央	组织领导、主要任务、队伍建设、保障措施、考核监督
26	《中国共产党党员教育管理工作条例》	2019	中共中央	学习贯彻习近平新时代中国特色社会主义思想、党员教育基本任务、党员日常教育管理主要方式、党籍和党员组织关系管理、党员监督和组织处置、流动党员管理、党员教育管理信息化、组织领导和工作保障
27	《中国共产党机构编制工作条例》	2019	中共中央	领导体制、动议、论证、审议决定、组织实施、监督问责
28	《中国共产党党校（行政学院）工作条例》	2019	中共中央	党校（行政学院）的设置和领导体制、班次和学制、教学工作、科研工作和决策咨询、开放办学、学员管理、人才队伍建设、校风和学风建设、机关党的建设、办学保障、执行与监督
29	《中国共产党问责条例》	2019	中共中央	问责的对象、问责的情形、问责的处理、问责的程序

续 表

编号	条例名称	发布年份	发布部门	主要内容
30	《中国共产党国有企业基层组织工作条例（试行）》	2019	中共中央	国有企业党组织的设置、主要职责，党的领导和公司治理，党员队伍建设，党的政治建设，党内民主和监督，领导和保障
31	《中国共产党党和国家机关基层组织工作条例》	2020	中共中央	基层党组织的组织设置、基本职责，党的政治建设、党员队伍建设、党内民主和监督、党务工作人员队伍建设、领导和保障
32	《中国共产党统一战线工作条例》	2020	中共中央	统一战线工作的组织领导和职责、民主党派和无党派人士工作、党外知识分子工作、民族工作、宗教工作、非公有制经济领域统一战线工作、新的社会阶层人士统一战线工作、港澳台统一战线工作、海外统一战线工作和侨务工作、党外代表人士队伍建设、统战部门自身建设、保障和监督
33	《中国共产党党员权利保障条例》	2020	中共中央	党员权利的行使、保障措施、职责任务和责任追究
34	《中国共产党地方组织选举工作条例》	2020	中共中央	地方组织的代表与委员会的选举产生、党委领导的产生、呈报审批、选举实施的流程
35	《中国共产党中央委员会工作条例》	2020	中共中央	党的中央委员会的领导地位、领导体制、领导职权、领导方式、决策部署、自身建设

续 表

编号	条例名称	发布年份	发布部门	主要内容
36	《中国共产党基层组织选举工作条例》	2020	中共中央	基层组织代表与委员会的选举产生、选举的实施、呈报审批、纪律和监督
37	《中国共产党军队党的建设条例》	2020	中共中央、中央军委	规定党对军队绝对领导以及领导体制、责任制等重大问题，规范新结构与力量编成，优化军队党的建设
38	《军队政治工作条例》	2021	中共中央、中央军委	新时代军队政治工作的指导思想、时代主题、基本任务和原则、主要内容，党对军队政治工作的领导，政治工作部门、纪委监委工作机构、党委政法委员会的主要工作，政治干部的主要职责和素质要求，军队政治工作的组织实施和监督检查
39	《中国共产党普通高等学校基层组织工作条例》	2021	中共中央	高校各级党组织的设置、高校各级党组织的职责、高校党员的教育管理发展、高校的干部工作、高校思政工作
40	《中国共产党组织工作条例》	2021	中共中央	组织工作的领导体制和职责、党的组织体系建设、干部工作、人才工作、保障和监督
41	《中国共产党党徽党旗条例》	2021	中共中央	规范党徽党旗的制作、使用和管理等
42	《中国共产党纪律检查委员会工作条例》	2021	中共中央	领导体制、产生和运行、主要任务、工作职责、派驻、派出机构、队伍建设和监督

续 表

编号	条例名称	发布年份	发布部门	主要内容
43	《信访工作条例》	2022	中共中央、国务院	信访工作体制、信访事项的提出和受理、信访事项的办理、监督和追责
44	《中国共产党政治协商工作条例》	2022	中共中央	政治协商工作的组织领导和职责、政治协商对象和内容、政治协商活动筹备、政治协商活动开展、政治协商成果运用和反馈、政治协商保障机制
45	《军队功勋荣誉表彰条例》	2022	中共中央、国务院、中央军委	军队勋章、荣誉称号、奖励、表彰、纪念章和军队涉外功勋荣誉表彰，规范授予对象、授予时机、权限程序、颁授方式，军队功勋荣誉表彰获得者相关待遇，军队功勋荣誉表彰管理要求

通过分析上述条例的内容可知，条例所规范的事务基本属于党的组织与制度、党员与党的干部、党的纪律检查与监督问责、党务工作、军队事务与军政功勋荣誉、党政协调等内容。就颁布主体而言，大部分的条例因效力范围涉及全体党组织和党员，所以由中共中央或其联合其他机构颁布，少数条例由专门负责该项事务的主体颁布；从颁布主体的数量看，大部分为单一主体，少数为几个主体联合颁布，其中既有党内机关联合颁布（如中共中央与中央军委），也有党政机关联合颁布（如

中共中央与国务院，中共中央与国务院、中央军委）。

条例与准则同为党内法规的主干骨架，单从所规定的内容而言，二者涉及的内容存在不少交叉地带，无法十分精准地区分开。如果非要进一步区分，可从以下特点把握：准则是为了应对某个特定时期最为主要的党风问题而制定的党内法规，具有较强的时代性；条例则更多是对某项领域的一般性规定，更突出延续性和稳定性。

除了准则与条例，党内法规体系中的其他法规可以统称为其他规范性文件，包括规则、规定、办法和细则四种。《党内法规制定条例》规定这四种党内法规应该是“对党的某一方面重要工作的要求和程序等作出具体规定”，制定主体包括中共中央纪律检查委员会、中共中央各部门和省、自治区、直辖市党委。这四种规范性文件之间存在着一定差异。以“规则”为名的党内法规较少，主要针对某项操作性较强的专业事项，而且可能与程序有联系，例如《中国共产党纪律检查机关案件监督管理工作规则（试行）》《中共安徽省委常委会议事规则（试行）》等。相比之下，“规定”的适用范围就大了许多，中央层面的许多部门如中共中央办公厅、中宣部、中组部等都出台过许多规定，所涉及的事项相对来说不如条例重大，但指向性非常明确，如中共中央办公厅和国务院办公厅共同发布的

《领导干部干预司法活动、插手具体案件处理的记录、通报和责任追究规定》非常具有针对性。规定既可以就某个问题创造新的行为规范，也可以是对某些规范的精细化，具体阐释在何种情况下如何适用规定。而“办法”相对于前两者，所涉及的事物和问题的规模要更小，性质上也更加轻微，如中组部2014年发布的《配偶已移居国（境）外的国家工作人员任职岗位管理办法》就是一例。“细则”的内容比一般规定、规则要更加详尽、具体，更加注重可操作性，如《党政机关公务用车选用车型目录管理细则》。大体而言，这四种党内法规所规范的领域大小逐渐递减，而针对性和实际操作性递增，但是大小强弱之间的差别并不非常明显。

综上可知，我国的党内法规体系基本框架已然存在，但是当前党内法规制度建设还存在一些薄弱环节，有损党内法规制度的严肃性和权威性，有碍于党内法规制度的贯彻执行，也同依法治国、依规治党的要求背道而驰，这就要求党内法规体系的建设要不断完善。

二、完善党内法规体系的基本原则

（一）立足宗旨

立足宗旨是指按照党章确定的基本原则、要求和任务，加快推进党内法规制定、完善党内法规制度。作为党内法规体系中激励和规范全党行为的总章程，党章是党的根本大法，是党内的“宪法”，对党的性质和宗旨、路线和纲领、指导思想和奋斗目标、组织原则和组织机构、党员义务和权利，以及党的纪律等作出根本规定，在党内的各项法规中具有最高的权威，是制定其他党内法规的基础和依据。党章在党内生活中的重要作用主要体现在以下几个方面：一是调整党内关系。党章通过规定党的各级组织职责、党员的权利与义务，来实现调整党内关系的功能，使党的各级组织、各个部门各司其职，互相配合，保证党内正常秩序。二是指导党的工作。党的工作必须做到有章可循、有法可依。在所有的党内法规中，党章是最为重要的，有了完善的党章，才有可能形成与之配套的具体的党内法规，党的各项工作才能得以正常开展。三是严格党的纪律。党章是权责分明、信赏必罚的规范性文件。每个党组织和党员在决定自己行动时，都要根据党章来权衡行动，党章是党员最基本的行动指引。四是战胜党内各种危害分子。党章解决的是关系党的性质和战斗力的最重要、最根本的问题，是保证党在政治上、组织上的纯洁性的重要武器。① 党章的内容全面，位

① 郑志飚：《党章在党和国家政治生活中的地位和作用》，《理论导刊》2006 年第 9 期。

阶高，是全党行为的总章程，所以建立健全党内法规体系，必须立足以党章为宗旨，以党章为根本依据。党内其他法规只是党章的具体化，必须无条件服从或从属于党章，这一原则要贯穿到党内法规制定的全过程。

（二）抓住关键

抓住关键是指在依规治党的过程中抓住主要矛盾，着重加强在党内法规体系中起支柱作用的制度建设。党内法规制度建设是一个系统工程，需要分重点、按步骤推进。中央政治局在2014年8月29日召开会议，审议通过了《深化党的建设制度改革实施方案》，实施方案分别从深化党的组织制度改革、干部人事制度改革、党的基层组织建设制度改革、人才发展体制机制改革等方面提出了改革的主要任务。在推进党内法规制度体系建设的过程中，应该首先抓好这几个领域党内法规制度的立、改、废工作。这些领域中出现的问题有顽固性、关联性，不可能“一药痊众疾，一方治百病”。正如习近平总书记于2013年6月18日在党的群众路线教育实践活动工作会议上的讲话中强调，“对症下药，该吃中药的吃中药，该吃西药的吃西药，或者中西医结合，该动手术的动手术”。比如，对违反党纪国法的行为，猛药去疴、重典治乱；对苗头性、倾向性问题，扯扯袖子、咬咬耳朵，防止小毛病演变成大问题。要真正通过定纪律、明规矩，使党员干部明白什么能做，什么不能做。

（三）标本兼治

标本兼治是指在依规治党的过程中，既要着力解决现存的问题，又要不断进行制度建设。“标本兼治”原属于中医术语，意思是指不但消除了表面的病征，且根除了引发疾病的原因。在依规治党的过程中就要遵循这样的思路和原则。党的十八大以来，面对党风廉政建设和反腐败斗争形势依然严峻复杂，“四风”问题依旧存在，不敢腐、不能腐等问题还没有解决等一系列挑战，习近平总书记提出的“打虎拍蝇”“零容忍”等治标理念逐渐成为反腐新常态。党的十八大召开不久，中央政治局召开会议，审议关于改进工作作风、密切联系群众的有关规定，从此中央八项规定成为衡量领导干部作风的基础底线；随后，自上而下开展的党的群众路线教育实践活动拉开序幕；2013 年，“反腐风暴”刮及党政军、人大、政协、国企、高校等多个领域，全国纪检监察机关给予党纪政纪处分 18.2 万人；[①] 2014 年以来，多地开展了清理“裸官”行动，公安部部署“猎狐 2014”专项行动，清查缉捕了许多贪官的

① 参见《“老虎”“苍蝇”一起打——十八大以来查办案件工作综述》，人民网，http：//fanfu. people. com. cn/n/2014/0110/c64371-24083890. html。

同时也起到了极大的威慑作用。以上这些都是我们党为了治标而采取的重要举措，然而“善除害者察其本，善理疾者绝其源”，治标的同时，治本不可缺席。中共中央以治标为主的反腐以及其他的纪律整治已经为治本赢得了时间，治本的“药方”就应从从严治党、依规治党、加强党的纪律建设的根本上入手，加强制度建设和制度执行，在抓常、抓细、抓长上下功夫，做到正本清源、固本培元。

（四）与时俱进

与时俱进是我们党的理论品质。中国共产党自成立以来，始终高度重视制度建设，党内生活的主要领域基本实现了有章可循、有规可依，但随着世情国情党情的深刻变化，党内法规出现了不适应、不协调、不衔接、不一致等问题。比如，从2012年6月开始，中共中央部署开展了党的历史上第一次党内法规和规范性文件集中清理工作，通过清理摸清了中央党内法规的家底，对于清理出来的党内法规通过废止、宣布失效、继续有效等方式进行处理，其中废止和失效的文件占到58.7%，主要是因为有的文件内容与党章和党的理论路线方针政策相抵触，或同宪法和法律不一致，或不适应现实需要，或被新规定涵盖替代等。可见，党内法规清理体现了与时俱进的精神，而且这一精神要继续坚持，不断发扬光大。当前和今后一个时期，深化依规治党、进一步加强党内法规制度建设，要胸怀中华民族伟大复兴战略全局和世界百年未有之大变局，着眼全面建成社会主义现代化强国的第二个百年奋斗目标，紧扣贯彻落实党的基本理论、基本路线、基本方略建章立制，紧跟统筹推进“五位一体”总体布局和协调推进“四个全面”战略布局建章立制，紧贴推动经济社会高质量发展建章立制，紧随推进党的自我革命和社会革命建章立制，让党内法规在党和国家工作大局中更深扎根、更壮成长、更多开花结果。①

三、党内法规体系实体内容的完善

党内法规体系实体内容的完善要按照党的二十大报告以及《法治中国建设规划（2020—2025年）》的要求分先后、按步骤进行，选择那些关涉基本面的全局性内容优先完善，具体包括以下几点。

（一）注重党员权利的保护

作为党内活动的基本调节机制，党内法规制度体系建设的目的在于通过规约党员的行为，促进本党的发展。从这个角度来说，党内法规应当是“义务本位”的。但是，对个人权利

① 宋功德：《紧扣保障政治大局深化依规治党》，《习近平法治思想研究与实践》2022年第3期。

的保护是制度文明的必然要求，党内法规建设当然不能例外。况且，党员是中国共产党的肌体和细胞，是构成党组织的基础，重视党员是保证党内工作正常开展，平稳有序的基础。[①]所以，要重视保障党员的权利。党员权利是否得到保障，决定着党员对党内事务的参与程度，决定着党内民主的发展程度，进而决定着党的生命力。我国的党内法规体系中，相对于数量繁多的规定党员义务的规范，保障党员权利的规范非常少，对于党员权利的规定主要集中于 2004 年颁布、2020 年修订的《中国共产党党员权利保障条例》（以下简称《党员权利保障条例》）中。党章和《党员权利保障条例》作为总括性的党内法规，对党员应享有的权利已经进行了原则性的规定，要在下位阶的党内法规中对这些规定予以细化、落实，作出更为全面的规定。针对党员权利保障存在的问题，未来的党内法规要着重保障保护党员以下四方面的权利：其一，保障党员的选举权和被选举权。党员的选择权体现在党员的选举权和被选举权的充分运用。在党内选举过程中，要通过候选人提名、组织考察、党员评议、选举操作等程序环节的改造来优化党员的选择权。其二，保障党员的知情权。知情权是党员参与党内事务、实现其他权利的基础。现今需要抓紧制定一部党务公开的具体

① 王勇主编《全面从严治党》，人民出版社 2016 年版，第 53 页。

实施条例，以明确规定党务公开的基本原则、公开事项、公开方式与途径、公开时限等，从而实现党务公开、保障党员以及公众的知情权。其三，保障党员的参与权。党员积极参与党内事务是党员发挥主体作用的最基本内容，也是党组织凝聚党员智慧与力量，充分激发党员的创造性、主动性和积极性的最基本途径。落实党员的参与权，要完善落实代议制，探索党代会闭会期间发挥党代表作用，还要进一步扩大党员直接参与决策和管理的范围。其四，保障党员的监督权。党员是党的肌体的细胞，党员民主监督是党内监督的重要组成部分，是发扬党内民主、健全党内政治生活的有效途径。党员的民主监督以其直接性、广泛性、普遍性优势，成为其他各种党内监督形式的基础，具有不可替代的重要作用。因此，要通过制度约束来破解不敢、不愿、不会的监督难题。

（二）加强违规行为的追究

按照法律规范的逻辑构造，一项完整的法律规范应至少包括条件假设、行为模式和后果归结。作为党内法规，也应该有明确的后果归结，有清晰的责任条款。纵观我国现有的党内法规，规范条款的刚性不足、违反规定的责任不明确、制裁缺乏力度、执行的自由裁量幅度过大，这些成为影响党内法规执行力的重要因素。比如，无论涉及党内政治生活、党风廉政建设还是党员权利保障的党内法规中，经常可见“情节严重的，按照有关规定追究责任人的责任”这样的表述，而这样的规范刚性不足，严密性也不足，什么是“情节严重”、“有关规定”指哪些、“责任人”是谁、承担什么样的责任等都不明确。这样的规定给党纪处理机关很大的裁量权，过大的裁量权可能会因为惩罚过重而损害违反党内法规行为人的权益，也可能会因为惩罚过轻而架空了党内法规、不能实现党内法规立法目的追求的惩戒效果，更会给执规者留下寻租空间，进而产生纪检干部的腐败、某些领导干部带病提拔等乱象。刑法学家贝卡里亚在其名著《论犯罪与刑罚》中提到，“对于犯罪最强有力的约束力量不是刑罚的严酷性，而是刑罚的必定性”①。对于管党治党也是如此，重要的不在于处罚的严厉程度，而在于违规违纪行为被发现、查处的概率和必然性。由此，我们的党内法规体系建设要厘清党内法规所调整的对象，科学严密地设计制度规范，确保这些规范严谨周密、可靠管用。尤其对于党内法规中违法行为的追究，这是规范逻辑构造的必要一环，要在制度设计的环节做到违规行为的追究准确、严密。

---

① 〔意〕贝卡里亚：《论犯罪与刑罚》，黄风译，中国大百科全书出版社1993年版，第103页。

（三）加强党内组织规范的完善

按照调整对象进行分类，党内法规可以分为调整党内组织机构运转的规范以及调整党员权利义务的规范，这种分类有助于实现党内生活的正常化和秩序化。党组织要依据党内法规对本组织的内部关系进行全面管理，党员要依据党内法规明确自身权利义务。党的组织规范包括党的基层、地方、中央组织的选举、决策、监督等各类规范。纵观现有的党内法规，在党内组织规范上，最突出的问题体现在颁布主体单一、颁布内容不规范上。按照1990年中共中央印发的《中国共产党党内法规制定程序暂行条例》（以下简称《党内法规制定程序暂行条例》）规定，党的中央组织、中央各部门、中央军委总政治部和各省、自治区、直辖市党委都是党内法规的有权制定主体。然而按照学者的统计，在2000年到2013年制定的党内法规中，党内法规的制定和颁布主体，96%以上集中在中共中央委员会、中共中央纪律检查委员会（包括中央纪委办公厅）、中共中央办公厅、中共中央组织部等几个机关。[1] 党内法规的制定和颁布主体集中在以上几个机关一定程度上导致党员权利保障的缺失，同时导致中共中央各部门以及省、自治区、直辖市

① 路雨微：《中国共产党党内法规制度体系建设研究》，中共中央党校2013年硕士学位论文，第25页。

党委的党内法规制定权虚置，不能有效地针对本部门、本地域的特色制定有针对性的规范。党内组织规范的完善要抓住选举、决策、监督的每一个环节，让每一个环节都有法可依。具体来讲，党中央可能需要适时出台“中央工作条例”以及“中央组织选举工作条例”，以对中央层级的组织和决策提供规范；基层要抓紧完善企业、农村、机关、学校、医院、科研院所、街道社区、社会组织、人民解放军连队和其他基层单位的组织制度等。总体来讲，各类有权党组织要学会运用《党内法规制定条例》所赋予的立规权，努力为本部门或本地方的党务工作提供指引和依据。

四、党内法规体系程序内容的完善

程序内容关系党内法规能否顺利出台、制定质量状况，进而影响党内法规的实体内容。1990 年，中共中央便印发了《党内法规制定程序暂行条例》，在此基础上，2012 年，中共中央正式出台《党内法规制定条例》，具体分为总则、规划与计划、起草、审批与发布、适用与解释，备案、清理与评估，附则共 7 章 36 条，对党内法规的制定程序进行了较为全面的规范。2019 年，中央对《党内法规制定条例》进行了修改，然而，党内法规的程序内容还有几个重要的问题需要予以考虑。

（一）加强党内法规制定的民主化

科学立规和民主立规是党内法规制定的基本要求，但是现在民主立规的基本要求存在不少问题。关于党内法规制定权的归属问题，在《党内法规制定条例》里有明确的规定，但这不意味着制定机构和部门可以“闭门造车”。《党内法规制定条例》第22条规定：“起草党内法规，应当深入调查研究，全面掌握实际情况，认真总结历史经验和新的实践经验，充分了解各级党组织和广大党员的意见和建议。必要时，调查研究可以吸收党委及其工作机关法律顾问和有关专家学者参加，或者委托专门机构开展。”第25条又规定：“党内法规草案形成后，应当广泛征求意见。征求意见范围根据党内法规草案的具体内容确定，必要时在全党范围内征求意见。征求意见时应当注意听取党代表大会代表和基层党员、干部以及有关专家学者的意见。与群众切身利益密切相关的党内法规草案，应当充分听取群众意见。”上述内容都是党内法规制定民主化的规定，然而实践中党内法规的制定在听取党外人士、群众甚至党员的意见方面还有所欠缺，相较于国家法律法规的制定，党内法规制定过程中听取专家学者的意见也很有限。更主要的是，《党内法规制定条例》虽然对党内法规制定过程中的民主要求进行了规定，但是规定非常原则，没有具体的制度设计，不具可操作性；现有的规定弹性也很大，“充分了解”“必要时”“密切相关”等语词让制定机关很容易绕过民主的要求，而直接将自身的意图贯彻进拟制定的党内法规之中。

党内法规的建设和党内民主的推进是辩证统一的。党内法规的制定需要有党内民主作为基础，要反映党内民主的需求，得到全党大多数党员的认同。在民主基础上制定的法规，才能集中全党的意志，得到全党的自觉遵守。① 加强党内法规制定的民主化首先要通过更为具体细化的规定将《党内法规制定条例》确定的民主原则和规范予以落实，要设立党内法规制定的听证会，将听取专家意见、引入党员讨论、引入公众参与制度化和常态化，同时，要让这些反映民主的制度在党内法规的制定、修改、评估、废止等各个环节予以体现。

（二）推进党内法规评估和清理的制度化

中国共产党自成立以来一共出台了多少部党内法规，之前一直没有精确统计过。同时，由于从未开展过集中清理工作，党内法规制度体系中也存在着不适应、不协调、不衔接、不一致的问题，这些问题的存在，有损党内法规制度的严肃性和权

① 兰亚宾：《党内法规建设存在的问题及对策研究》，《理论学刊》2005 年第 11 期。

威性，有碍于党内法规制度的贯彻执行。基于此，从2012年6月开始，中央部署开展了党的历史上第一次党内法规和规范性文件集中清理工作。清理工作分两个阶段进行，第一阶段清理1978年至2012年6月出台的中央党内法规和规范性文件，第二阶段清理新中国成立至1977年出台的中央党内法规和规范性文件。可以说，通过清理摸清了中央党内法规的家底，对于清理出来的党内法规通过废止、宣布失效、继续有效等方式的处理，维护了党内法规制度的协调统一，有利于党内法规制度的遵守和执行。

需要注意的是，已经开展的集中清理解决的是历史问题，构建完善的党内法规体系更需要在制度上面向未来。党内法规评估和清理有利于维护法规体系的统一和完整，有利于让党内法规更好地在实践中发挥作用，因此必须通过制度将之固化。《党内法规制定条例》对党内法规的评估和清理作了考虑，其中，第36条规定，“坚持制定和实施一体推进，健全党内法规执行责任制，加大党内法规宣传、教育、培训力度，对党内法规执行情况、实施效果开展评估，加强监督执纪问责，确保党内法规得到有效实施”。第37条规定，“制定机关应当组织开展党内法规清理工作，及时开展集中清理，根据需要开展特定内容或者特定范围的专项清理，在制定工作中同步开展即时清理。

根据清理情况，作出修改、废止、宣布失效等决定”。然而，上述规定对于评估和清理的表述都“很原则”，把具体操作留给了执行主体，导致操作混乱、标准不一，所以一定要加快建立具体制度来确立评估和清理的原则、程序、标准和方法等。[①]

（三）转变党内法规的“试行”“暂行”常态化

现行的党内法规还有一个非常严重且普遍的问题，即“试行”和“暂行”的规范很多。立法的开展取决于社会关系的不断成熟，往往在正式法律出台之前存在长时间的法律空白期，在这段空白期，一些新事物无法得到法律的规范，而如果这些新事物又急需法律调整，那么出台的法律、法规名称中经常加上“试行”或者“暂行”作一个缓冲。党内法规也是如此，面对复杂多变的党内事务，经常以“试行”或者“暂行”的办法加以应对。除了像《党政领导干部任职试用期暂行规定》这样的“00 初”的暂行规定，现行有效的党内法规中还有许多“90 后”甚至“80 后”的试行或暂行条例。可以说，基于改革需要，这样的规定有一定的合理性，但是在法治国家逐步建立、法律体系逐渐完善的过程中，这样的立法技术要少用、慎用。其一，“试行”或者“暂行”的规定带来规范施行

---

① 杨云成、张希贤：《构建党内法规体系的三项任务》，《理论探索》2015 年第 1 期。

中大量的不确定性，给人不庄重之感，给国民经济发展和党员守法造成障碍；其二，实践中“试行”或者“暂行”实施期限过长，以至于变成了真正的党内法规。《党内法规制定条例》第30条规定：“实际工作迫切需要但还不够成熟的党内法规，可以先试行。试行期限一般不超过5年。”这一规定可以说是“试行”的依据，但也可见，根据法律精神的推演，“试行”的定位归根到底是一种权宜之计。由此，必须改变现行的党内法规中“试行”以及“暂行”常态化的状况。

对于党内法规中“试行”和“暂行”状况的处理要区分两种状况。第一种，对于党内法规清理中保留下来的“试行”和“暂行”规定，制定部门应该尽快选择合适的时机将其“转正”。这类条例经过本轮清理后剩余的存量已经不多，但是因为存在时间很长，所以“转正”压力也很大。第二种，对于新制定的党内法规，特定条件下也可以适用“试行”或“暂行”的规定，但是切记不要持续过长。更为重要的是，要确立适用的细化标准，要在应用“试行”或“暂行”规范的党内法规中明确规定持续的时间或者期限，防止出现“试行”或“暂行”的常态化。

党的十八大以来，党中央提出了“四个全面”战略布局，党内法规体系既是全面依法治国的重要组成部分，也是全面从严治党的重要途径。加强党内法规体系建设需要科学理论的指导，需要对过去经验和实践探索的科学总结，也需要我们更好地借鉴国家法治建设取得的成熟经验。[①] 可以说，党内法规体系的完善已经进入科学化和民主化原则指导下的深化阶段，要分层次、按步骤地有序推进，尽快建成内容科学、程序严密、配套完备的党内法规体系。

① 韩强：《论健全完善党内法规体系》，《中国井冈山干部学院学报》2014 年第 6 期。

第三章

构建周密的党内法规制度解释体系

党的十八大以来，党中央高度重视党内法规建设工作，出台了一批标志性、关键性、基础性的党内法规，党内法规制度体系已具雏形。进一步提高党内法规制度的执行力是现阶段党内法规建设的重中之重。相较于党内法规的监督、追责等制度体系，党内法规的实施体系尚不完善，这其中，又以党内法规的解释环节为甚，成为制约党内法规制度执行力的短板。

法律解释是对法律文本意思的理解和说明，其中，“意思”就是通常所说的意义、含义，“理解”就是解释主体对法律文本意思的内心把握。[①] 据此，党内法规解释实际上就是解释主体将自己对党内法规文本的理解通过某种方式展示出来。《党内法规制定条例》规定了党内法规的解释同党内法规具有同等效力，在制度层面对党内法规解释的效力进行了确认。党内法规涉及党组织的工作、活动和党员行为的方方面面，进行

---

① 张志铭:《法律解释原理》(上),《国家检察官学院学报》2007 年第 6 期。

党内法规解释工作的意义就在于寻求对党内法规的统一理解和说明，将抽象的党内法规适用于具体的案例事实以及弥补党内法规漏洞等。为了保证党内法规制度的统一实施和稳步发展，党内法规解释工作必须符合我国党内法规制度建设仍在起步阶段的基本状况，认识到相关制度还不健全、党规执行工作者平均素质不够高的实际，宽严有度地进行党内法规解释体系的构建工作，通过确立原则、明确主体、理顺程序、规范方法来完善党内法规解释理论，推动党内法规制度精准实施，从而有效提升党内法规制度的执行力。

一、确立解释的原则

党内法规解释的原则对党内法规解释起着统帅、指导和约束作用，决定着党内法规解释的方向，体现着党内法规解释的基本价值和核心精神。党内法规解释原则的确立要坚持党的领导、拥护党的理论方针政策，这是进行党内法规解释的基本前提；要坚持实事求是、从实际出发，这是党内法规解释的思想指引；要坚决维护党章在党内法规制度体系中的核心地位，这是党内法规解释的根本遵循。具体来讲，党内法规解释的原则包括以下几项。

（一）合法性原则

合法性原则是党内法规解释首先应当遵循的原则，此处的

“法”是广义上的，既包括法律，也包括党内法规。合法性原则是法律解释的基本原则之一，要求法律解释合乎法律的规定和基本精神（即合法性），这是法治的形式要求，是形成法律权威和维持法律确定性的基础。[①] 党内法规与国家法律两者协调统一、良序互动，国家法律高于党内法规，党内法规严于国家法律。这要求党内法规必须符合宪法和法律的规定、原则和精神。同时，党内法规解释不仅要符合法律，当然也要符合党内法规的有关规定，这一点可以称为合规性，这是由党内法规的性质决定的。党内法规解释的合规性主要体现在三个方面：其一，党内法规解释应该按照党内法规规定的权限和程序进行，不得越权解释；其二，对低位阶党内法规的解释不得抵触高位阶的党内法规、对低位阶党内法规的解释不得抵触高位阶的党内法规解释，任何党内法规解释都不得与党章相抵触；其三，对党内法规概念和规则的解释必须与党的性质、基本路线、指导思想等保持一致。

（二）合理性原则

合理性原则要求党内法规解释要合乎情理、公理、道理，具体有以下四个要求：第一，要符合社会现实和社会公理；第

① 李清伟主编《法理学》，格致出版社、上海人民出版社 2013 年版，第 387 页。

二，坚持尊重公序良俗；第三，顺应客观规律和社会发展趋势，尊重科学；第四，要以党的政策和国家政策为指导。[①] 值得提及的是，合理性原则还要求党内法规解释的提起必须满足一定的条件，即党内法规解释作为澄清文义的活动只有在党内法规的文本、规则不清晰的时候才有必要提起。[②] 在核心区，当规则的适用明确时，是无须解释的；只有在边缘区，当规则的适用存疑时，才需要对之进行解释以进一步明确其含义。由此，合理性原则可以控制解释权的合理使用，防止滥用。合理性原则是对党内法规解释在合法性原则的基础上更进一步的要求，在具体个案中要两者兼顾，不仅明确党内法规文本的含义，更要探寻立规者的意图和精神，力求实现公平公正。

（三）统一性原则

统一性原则表现为在党内法规解释活动中，把党内法规解释的对象，即党内法规制度体系看作由各个党内法规文本构成要素形成的有机整体，将解释的形式、内容和精神予以统一，在实质上保持高度一致，由此保证党内法规解释的实施及其结果是相同或相似的。这就要求各解释主体在解释党内法规时，应尽量做到协调一致，使党内法规解释与国家法律之间、党内

① 肖光辉主编《法理学》，中国政法大学出版社 2007 年版，第 278 页。
② 参见陈坤《重申法律解释的明晰性原则》，《法商研究》2013 年第 1 期。

法规解释与党内法规之间、党内法规解释与国家法律解释之间相统一，不存在冲突矛盾。统一性原则有以下要求：首先，不能把党内法规解释看成是个别的、局部的行为。要将需要解释的规则、概念术语、技术性规定等方面的条款置于其所出自的党内法规之中去理解和把握，使解释活动从属于该党内法规的整体；要将对党章与准则、条例、规定、办法、规则、细则等进行的解释加以协调，整合优化，使整体大于部分之和，加强党内法规解释体系内在的统一性。其次，党内法规解释要坚持党内法规之间已经建立的效力位阶关系，解释要有全局观念，以党章为核心。最后，在党内法规解释过程中，要建立和贯彻规范化的解释技术。例如，党内法规解释要保持解释方法的统一、概念语言文字的统一、解释文件体例的统一、解释名称的规范化等，从技术上保证党内法规解释符合统一性原则。

（四）稳定性原则

党内法规一经颁布生效，便应在一定时期内发生作用、保持其效力相对地稳定不变。稳定性原则要求党内法规解释必须保证党内法规的稳定性，不能朝令夕改。党内法规解释作为全党必须遵守的基本的行为规范，调整对象是全体党员及党组织，只有其保持稳定，党员和党组织对自己的行为才会有预期，党内法规才能发挥规范作用。这就要求党内法规解释主体在解释党内法规时，从大局着眼，注重解释的连续性与稳定性，不能因一时的特殊情况而轻易对党内法规进行解释，否则，将会影响整个党内法规制度体系的稳定，破坏党内秩序。然而，党内法规制定之后不可能一成不变，要根据党的理论方针政策的变化对党内法规灵活地进行变通，以满足现实需要，由此，党内法规需要予以解释。进行党内法规解释的时候，必须兼顾稳定性和灵活性，既不能过于大胆激进，以至于常常把党内法规解释变为立规活动，同时也不能过于谨小慎微，避免落入严格规则主义陷阱，使党内法规解释没有弹性空间。[①] 总之，党内法规解释应当兼顾两者，从而更好地为党内法规制度体系的实施服务。

二、明确解释的主体

党内法规解释的核心问题之一是解释权的分配，即谁有权解释党内法规。关于党内法规解释权的归属，《党内法规制定条例》第 34 条规定，中央党内法规由党中央或者授权有关部委解释，中央纪律检查委员会及党中央工作机关和省、自治区、直辖市党委制定的党内法规遵循“谁制定谁解释”的原则，由其自行解释。然而，《党内法规制定条例》第 34 条的

① 李清伟主编《法理学》，格致出版社、上海人民出版社 2013 年版，第 388 页。

规定并不完善，其确权规则无法涵盖整个党内法规制度体系。实践中，党内法规解释权的归属也十分混乱，存在诸多问题。下面以条例类党内法规为例，对党内法规解释主体的样貌进行分析。

（一）解释主体样貌分析

条例类党内法规在党内法规制度体系中的层级较高，内容较为全面，且数量也较多，共计45部。其中，41部条例明确规定了解释主体①，具体如表3-1所示。

表3-1　规定了解释主体的条例

条例名称	解释主体
《中国共产党党内法规制定条例》 《中国共产党重大事项请示报告条例》 《中国共产党中央委员会工作条例》	中共中央办公厅
《中国共产党问责条例》 《中国共产党党内监督条例》 《中国共产党纪律处分条例》 《中国共产党纪律检查委员会工作条例》	中共中央纪律检查委员会
《中国共产党基层组织选举工作条例》 《中国共产党地方组织选举工作条例》 《全国代表大会和地方各级代表大会代表任期制暂行条例》 《中国共产党党和国家机关基层组织工作条例》	中共中央组织部

① 其中《中国共产党宣传工作条例》《军队党的建设条例》《军队政治工作条例》《军队功勋荣誉表彰条例》4个条例没有公开，暂不统计。

续 表

条例名称	解释主体
《中国共产党普通高等学校基层组织工作条例》 《干部教育培训工作条例》 《中国共产党支部工作条例（试行）》 《中国共产党农村基层组织工作条例》 《党政领导干部选拔任用工作条例》 《党政领导干部考核工作条例》 《中国共产党党员教育管理工作条例》 《中国共产党党徽党旗条例》 《中国共产党组织工作条例》 《中国共产党国有企业基层组织工作条例（试行）》 《中国共产党党内功勋荣誉表彰条例》 《中国共产党全民所有制工业企业基层组织工作条例》	中共中央组织部
《中国共产党统一战线工作条例》 《社会主义学院工作条例》 《中国共产党政治协商工作条例》	中共中央统战部
《中国共产党政法工作条例》	中共中央政法委员会
《中国人民解放军政治工作条例》	中国人民解放军 总政治部
《中国共产党党员权利保障条例》	中共中央纪委商 中共中央组织部
《中国共产党地方委员会工作条例》	中共中央办公厅商 中共中央组织部
《中国共产党工作机关条例（试行）》	中共中央办公厅商 中共中央组织部、 中共中央机构编制 委员会办公室
《中国共产党机构编制工作条例》	中共中央组织部、 中共中央机构编制 委员会办公室

续 表

条例名称	解释主体
《党政机关厉行节约反对浪费条例》	中共中央办公厅、国务院办公厅会同有关部门
《中国共产党党务公开条例（试行）》	中共中央办公厅会同中共中央组织部
《中国共产党党组工作条例》	中共中央组织部会同中共中央办公厅
《中国共产党巡视工作条例》	中共中央纪委会同中共中央组织部
《中国共产党党校（行政学院）工作条例》	中共中央党校（国家行政学院）
《信访工作条例》	国家信访局
《中国共产党农村工作条例》	中央农村工作领导小组办公室
《国家功勋荣誉表彰条例》	国家表彰奖励主管部门
《全民所有制工业企业职工代表大会条例》	中华全国总工会

由表 3 -1 可以看出，条例类党内法规的解释主体主要包括中共中央组织部、中共中央纪律检查委员会、中共中央办公厅、中共中央统战部等，其中中共中央组织部作为解释主体的情形最常见，所占比重超过 40%。此外，共同解释主体所占的比重较大，接近 1/3，且共同解释主体的构成部门都不相同，中共中央组织部所占比重亦是最大。通过对比分析可以发现，条例内容与解释主体的主管内容密切相关，因此，专业

性、关联性是影响解释主体确定的主要因素。

（二）解释主体存在的问题

通过对党内法规解释的实践和对条例类党内法规样本的分析可以发现，目前党内法规的解释主体主要存在以下问题。

第一，党内法规的解释权分散。由表 3－1 可知，41 部规定了解释主体的条例中，解释主体的类型达 10 多个，解释权太过分散。其中 8 部条例的解释主体由两个及两个以上部门构成，存在共同解释如何分工与协商的问题。同时，部分表述的内涵难以把握，存在并列、“会同”、“商”等情形或词语，三者之间的界限和区别何在并不明确，甚至出现了“有关部门”的模糊表述。其中，以“中共中央办公厅会同中共中央组织部”与“中共中央组织部会同中共中央办公厅”最为典型，两者含义是否相同完全取决于“会同”的内涵。此外，解释主体既存在中央部门又存在国务院部门，出现了“两条线”，比如中共中央办公厅与国务院办公厅。由此可见，目前党内法规解释权归属比较混乱，很难形成体系，不利于党内法规解释的系统化。

第二，解释主体的确定规则不统一。前文提到，《党内法规制定条例》第 34 条对党内法规解释权的归属作出了统一规定，但这些规定并未确定统一的规则，比如法律解释中遵循的

“谁制定谁解释”的重要原则。由上述条例类党内法规样貌分析可以看出，在明确规定了党内法规解释主体的情况下，既存在单独解释主体，又存在共同解释主体。共同解释的情况下，规则不统一的表现尤为明显。8 部需要共同解释的条例的共同解释主体都不相同，其中，《党政机关厉行节约反对浪费条例》的解释主体——“中共中央办公厅、国务院办公厅会同有关部门”最为复杂。因此，很难对党内法规解释主体的确定规则进行归纳，其规则并不统一。

第三，除样本分析暴露出的问题，特别值得说明的是有关党章解释主体的规定并不明晰的问题。根据《党内法规制定条例》第 34 条的规定，本条例施行前发布的中央党内法规，未明确规定解释机关的，由中共中央办公厅请示中共中央后承办。党章完全符合该条款规定，那么党章是否应当适用该条款的规定来确定解释主体？此外，实践中曾有中共中央纪律检查委员会对党章的个别条款进行解释的先例，① 中共中央纪委是

① 1996 年 3 月 5 日，中共中央纪律检查委员会因几年来不断有一些地方和部门的党委、纪委和党员个人来信来电询问如何理解党章（1992 年版）第四十条第一款“在特殊情况下，县级和县级以上各级党的委员会和纪律检查委员会有权直接决定给党员以纪律处分”规定中的“特殊情况”，作出《中共中央纪律检查委员会关于对党章第四十条第一款所称的“特殊情况”如何理解的答复》，对党章第四十条第一款所称的“特殊情况”明确列举了七种情形。具体可参见中共中央办公厅法规室、中共中央纪委法规室、中共中央组织部办公厅编《中国共产党党内法规选编（1996—2000）》，法律出版社 2009 年版，第 247 页。

否有权对党章进行解释？要回答这些问题，首先要明确的问题是，《党内法规制定条例》是否有权对党章的解释工作进行规定？答案是否定的。党章是党的全国代表大会制定的，是最根本的党内法规，相当于国家法律体系中的“宪法”，其解释权只能由其本身作出规定，其他党内法规因效力低于党章，而无权就党章的解释机关作出规定。[①] 党章在党内法规体系中处于核心地位，党章的解释主体自然也是党内法规解释权体系极为重要的组成部分，因此必须加以明确。

综上，党内法规解释主体存在的问题直接导致党内法规解释的效力位阶混乱。关于党内法规解释的效力问题，仅《党内法规制定条例》第 34 条有所提及，即“党内法规的解释同党内法规具有同等效力”。此处的“党内法规”是否指的是被解释的党内法规并不明晰。党内法规的效力位阶依次是：党章，由党中央制定的中央党内法规，由中共中央纪委、中共中央各部门制定的部委党内法规，由省级党委制定的地方党内法规，以及由党中央授权的副省级城市和省会城市党委制定的地方党内法规。党内法规解释效力位阶的确定原则应当与党内法规相一致，但在当前解释权归属混乱的情况下，存在解释主体与制定主体不一致、多个解释部门构成共同解释主体等情形，

① 孙才华：《论党内法规解释的规范化》，《湖湘论坛》2017 年第 1 期。

尤其是解释主体出现中共中央部门与国务院部门两条线的情况时，容易导致党内法规解释的效力位阶难以确定。

（三）完善解释主体的对策

要解决解释权归属混乱带来的问题，仅靠《党内法规制定条例》第34条规定对解释主体进行规范是远远不够的，应当参照法律解释主体的模式，规范党内法规的解释主体，确立统一的党内法规解释权分配体系。首先，党内法规解释权分配体系的核心是明确党章的解释主体。作为党的根本大法，党章是“万规之本”，这就决定了只能在党章中规定其解释主体。其次，党内法规解释权分配体系的主干部分存在两种建构路径可供选择。第一种路径是参照法律解释主体的模式，在党章中规定“谁制定谁解释”的一般原则。党章在各级各类党内法规中具有最大权威和最高效力，因此党章可对任何党内法规的解释主体作出规定而不存在效力位阶的问题。此种路径能够促进党内法规解释权归属体系化，从而有利于党内法规解释效力位阶的合理有序。第二种路径是以党内法规所涉及的内容来进行解释权主体的分类完善。① 党内法规制度体系以“1+4”为基本框架，即在党章之下分为党的组织法规制度、党的领导法

① 参见谭波《论党内法规解释权归属及其法治完善》，《江汉学术》2018年第4期。

规制度、党的自身建设法规制度、党的监督保障法规制度四大板块。除党章外，将党内法规划分为四大类，每类对应一个专门解释主体对此类党内法规进行解释，按此种分类模式进行的党内法规解释更具专业性和科学性。但此种模式的缺陷在于要对党内法规进行分类，不仅增加了工作量，而且容易在对党内法规进行定性时产生争议，还需进一步考量。最后，共同解释权的归属作为党内法规解释权分配体系的特殊部分，必须加以严格限制。对需要进行共同解释的党内法规，共同解释权的归属须经过协商，同时要满足一定的条件，即与需要解释的党内法规有利害关系并且确有必要参与解释。

三、理顺解释的程序

程序是制度的生命，“通过排除各种偏见、不必要的社会影响和不着边际的连环关系的重荷，来营造一个平等对话、自主判断的场所，这是现代程序的理想世界”①。党内法规解释应当依照严格的程序进行，用程序的合法性来支持党内法规解释内容的合法性。我国立法法将法律解释出现的情形概括为需要进一步明确具体含义和出现新情况时明确法律适用依据两种。这两种可以归于一类，即抽象法律解释，通过解释形成具

① 季卫东：《法治秩序的建构》，中国政法大学出版社 1999 年版，第 16 页。

有普遍约束效力的一般性解释规定。另一类法律解释是在法律适用过程中遇到具体个案时，对于某项法律条文是否能够应用于该案情而进行的解释，称为具体法律解释。[①] 党内法规解释出现的情形与法律解释相类似，可参照法律解释的分类模式，具体分为抽象党内法规解释和具体党内法规解释。对于党内法规解释的程序，还没有专门的党内法规予以规定，因此，可以在以上党内法规解释分类的基础上，借鉴法律解释的程序加以构建。

（一）抽象党内法规解释程序

抽象党内法规解释具有普遍约束效力，涉及整部党内法规的理解和适用，所以在进行解释时要有全局性、统一性、系统性的观念，具体可以分为以下几个环节。

第一，前期准备阶段。党内法规解释的目的就是对党内法规实施过程中遇到的文本理解歧义或模糊、规则与实践的不匹配等作出回应。因此，向解释主体提出问题、寻求解释既是党内法规解释的第一步，也是党内法规解释程序启动的原因。程序的启动可以由党内法规实施者通过书面形式向解释主体提出请求，也可以由解释主体根据党内法规实施后的评估结果或者

① 郭书辰、徐君婷：《简析党内法规解释的构建原则与方法》，《中共乐山市委党校学报》2018 年第 1 期。

其他效果反馈，主动启动解释程序。程序启动后，解释主体要针对提出的问题，收集相关材料信息，并可以会同党内法规研究方面的专家共同组成专门的工作小组，进行综合分析、研究和论证，提出解决问题的基本方案，并就解释的可行性进行说明。工作小组将解释的初步方案和规划提交主管部门，申请立项。主管部门批准立项后，将项目纳入年度工作计划。

第二，中期拟定阶段。工作小组根据规划确定的时间进度按时完成调查研究和分析论证的基础工作，并在此基础上草拟解释文稿。在草拟文稿过程中，对不明确的问题作进一步调查研究和讨论协商。工作小组在规定时间内将拟好的党内法规解释文稿报送主管部门。由主管部门将党内法规解释文稿向社会征求意见，工作小组要吸收相关意见对文稿进行修改。修改后的党内法规解释文稿送交主管部门审核，并提交相关会议讨论通过。

第三，后期发布阶段。讨论通过的党内法规解释文件由主管领导签署，发布施行。党内法规解释的发布是党内法规解释由文本转向实践的关键一步，也是党内法规解释程序的重要一环。在此环节需要格外注意以下几个问题：首先，公开发布，即经批准后的党内法规解释应当公开发布；其次，报请发布的主体应当是党内法规解释专门工作小组，发布主体由解释主体的主管部门担任；最后，发布形式应当是“解释主体名称 +

文件”，体现解释权归属，与党内法规发布形式保持一致。此外，对于数个解释主体共同发布的党内法规解释，还应增加与共同发布机关共同研究和会签的程序。

（二）具体党内法规解释程序

具体党内法规解释与抽象党内法规解释相比，更为接近党内法规的实施，为党内法规实施者执行党内法规提供更为直接、具体的依据。因此，与抽象党内法规解释程序相比，具体党内法规解释程序也就相应地更加灵活、更有针对性。党内法规实施者在实施党内法规的过程中遇到具体个案，对于某项党内法规条文能否适用于该案情不明确时，针对该案向解释主体申请解释。若解释主体认为自身有权限且有必要进行解释时，具体党内法规解释程序就会启动。具体党内法规解释不仅要对党内法规条文是否适用于该案情作出判断，同时要对适用与否的原因作出解释，可能还会涉及对党内法规条文的解释。因此，可根据此类党内法规解释实践中出现的问题，结合党内法规制度自身的特点，借鉴比较成熟的法律解释的相关制度设计对其进行规范。

“‘北雁云依’诉济南市公安局历下区分局燕山派出所公安行政登记案”是因具体案件启动解释程序而作出立法解释的一个典型案例。从该解释作出的过程可以发现，作出该解释的程序比较简易，由基层司法机关层层上报到最高人民法院，由最高人民法院向立法机关即全国人大常委会提出解释的请求，全国人大常委会经过讨论，最终以其名义颁布实施。程序上主要经过了提出问题、研究讨论、颁布实施三个环节，最终形成的法条释义解释可适用于同类案件，取得了“以案释法”的效果。目前，抽象党内法规解释在党内法规解释体系中占据主导地位，具体党内法规解释的实例几乎没有。近年来，中共中央纪委法规室在中央纪委网站上开通了互动交流服务，对网友提出的有关党内法规的理解的问题作出回应并公布。因网友提出的问题往往是对实践中有关党内法规是否适用于具体案情存疑，从而请求中央纪委作出解释，所以虽然在形式、程序上并不规范，但一定程度上可以算是具体党内法规解释的实践。比如，中共中央纪委对于“到底怎样的同学会会被视为违规组织”这一问题的解释①，具体由中共中央纪委法规室进行解释，最后在中共中央纪委网站发布。

具体党内法规解释与抽象党内法规解释本质上都是对某个

① 《纪律处分条例》第74条规定，党员领导干部违反有关规定组织、参加自发成立的老乡会、校友会、战友会等，情节严重的，给予警告、严重警告或者撤销党内职务处分。对于“到底怎样的同学会会被视为违规组织”问题，中共中央纪委法规室在中共中央纪委网站给予解释。具体参见《中纪委解答领导干部参加什么样的同学会是违规》，人民网，http：//politics. people. com. cn/n/2015/1126/c1001-27858158. html。

或某些条文的释义，但具体党内法规解释在提出主体、提出方式等方面更为灵活，对于具体党内法规解释的程序设计，可以参考具体立法解释进行，可以分三步走：第一步，提出问题。问题的提出主体既可以是党内法规制定者、党内法规实施者，也可以是发现问题的普通党员和群众。提出的方式不限于书面，也可以是以网站留言的方式将具体案情和需要解释的党内法规条文一并提交解释主体。解释主体应当积极拓宽提出问题的渠道，广泛听取意见和建议。第二步，研究讨论。解释主体内设的党内法规研究部门对提交解释的请求进行初步筛选，认为自身有解释权限且确有解释必要的，对具体案情和党内法规条文进行分析论证，并形成书面解释文件提交主管部门。第三步，发布。以主管部门的名义对问题的提出机构进行答复并将解释向社会公布，用以指导此类问题的实践工作。

四、规范解释的方法

法律解释本身就被定位为法律方法和技术，所以总的来说属于方法论的范畴；对本体论意义的法律解释，学者们用法律诠释学、解释学法学等概念加以概括，以示区隔。[①] 可见法律

① 参见刘平《法律解释：良法善治的新机制》，上海人民出版社 2015 年版，第 129 页。

解释方法对法律解释体系构建意义重大，对党内法规解释来说亦是如此。可以将立规者意旨、文本意图和解释主体意志作为三个向度，将党内法规解释方法概括为原意解释、体系解释和论理解释三类。[①] 不同的解释方法因考虑的因素及提出问题的视角不同而具有不同功能，这就意味着在具体的情景下对同一个党内法规规则使用不同的解释方法进行解释可能会得出完全不同的解释结果，容易存在不确定性。这就要求形成统一的党内法规解释方法使用机制，确定各种党内法规解释方法之间的位阶关系，消除不确定性。通常情况下，应当将立规者意图作为最优先级，文本意图次之，解释者意志最末。因此，位阶关系依次的排序应当为原意解释、体系解释、论理解释。这种排序并不是一成不变的，在具体个案中若有充分理由则可以推翻各种解释方法之间的优先性排序，但必须加以严密的论证。

（一）原意解释

原意解释是众多法律解释方法中的首要方法，具有基础性的意义。党内法规是高度概括和抽象的，要理解其含义，就要

① 张志铭教授将关于法律解释的观点和学说概括为三种理想形态，包括原意决定说、文本决定说和解释主体决定说，实质上也是法律解释方法的三个向度。此处参照张志铭教授的分类模式对解释方法进行同样的分类，具体参见张志铭《法律解释原理》（中），《国家检察官学院学报》2008 年第 1 期。

从党内法规条文的文字含义入手。原意解释的立足点在于语言，运用语言规则对条文的文字、语法加以理解，通过探寻立规者的立规意图和目的来说明党内法规的内容和意义。原意解释认为党内法规解释的目的就在于探求立规原意，因此在对党内法规进行解释时就必须考虑到立规者制定条文的目的及对条文实施所能达到的效果的预期，而不能作出与其相反的解释。

立规者的立规原意与党内法规文本之间的关系是运用原意解释方法时首先必须明确的核心问题，关系到在进行解释工作时是否要借助立规时的历史材料以及是否应当由解释主体对立规者意图进行“想象重构”的问题。党内法规解释工作必须遵循合法性、合理性、统一性、稳定性的原则，因此在进行解释时必须更多地专注于法律文本，不能过度考虑立规者的目的及意图。但同时也要注意，研究党的发展历史与进程可以看出，历次党内法规的修改都与当时党内形势的变化、党的政策方针的改变等息息相关。比如在党的十八届四中全会后，中国共产党第十八届中央纪律检查委员会第五次全体会议举行并发布了《中国共产党第十八届中央纪律检查委员会第五次全体会议公报》，要求强化对党的十八届四中全会精神落实情况的监督检查，抓紧修改党风廉政建设党规党纪和相关法律。因此，进行党内法规解释工作也要在合理的限度内对立规当时的政策方针等加以综合考虑，而解释者的价值偏好、观念倾向等则必须排斥在解释过程之外。因而，在所有的解释方法中，原意解释的客观性是最强的，满足党内法规必须保持客观性的要求。

（二）体系解释

体系解释，主要遵循文本主义的理念，立足于党内法规文本而存在，表现为对不确定的、含混的、模糊的文字意思进行理解和阐明。[①] 我国现有的党内法规包括党章，条例，准则，以及规定、办法、规则、细则 4 个层次，各个层次规范的效力等级、调整内容有所不同，共同构成了党内法规的制度体系。党内法规解释是对党内法规制度体系中的某部党内法规或者某些党内法规条文进行解释，为了避免破坏党内法规制度体系的完整性，在进行党内法规解释工作时必须遵循系统解释的方法进行。

体系解释的方法要求进行党内法规解释时必须着眼于整个党内法规制度体系的框架，将需要解释的党内法规条文与其他党内法规条文联系起来，从该党内法规条文与其他党内

---

① 参见刘平《法律解释：良法善治的新机制》，上海人民出版社 2015 年版，第 130 页。

法规条文的关系、该党内法规条文在所属党内法规文件中的地位、所属党内法规与其他党内法规及党内法规制度体系的联系等方面入手，系统全面地分析该党内法规条文的含义和内容，以免孤立地、片面地理解该党内法规条文的含义，以免与高位阶的党内法规、党内法规解释产生冲突。体系解释的方法能够有效地维护党内法规规则文本的稳定性、意义的安全性和行为的可预测性，以及党内法规解释的统一、合理、有序、适用。

（三）论理解释和学理解释

论理解释以解释者的意志为中心，在党内法规文本存在漏洞、党内法规规则出现多重选择的冲突和矛盾并且解释主体无法回避的情形时加以适用。论理解释探求的是填补“法规漏洞”，在复数规则中作出裁量和选择，因此主要适用于解释主体的裁量性解释，是三类解释中唯一给予解释主体以一定主观能动性运用空间的解释种类。[①] 但解释主体的意志必须限制在党内法规文本的体系框架之内，而不是由解释主体任意进行主观解释。在运用论理解释的方法进行党内法规解释时，对解释主体的专业化水准和素质水平的要求比较高，而解释主体因行

① 参见刘平《法律解释：良法善治的新机制》，上海人民出版社 2015 年版，第 131 页。

政事务的拖累和现实需要的紧迫性往往不能达到要求，此时可考虑借鉴学理解释以节省资源和提高效率。

学理解释一般是指由学者或其他个人及组织对法律规定所作的不具有法律约束力的解释。同法律解释体系一样，在进行党内法规解释体系建构时，也不宜将学者或其他个人及组织对党内法规所作的解释纳入其中，但这并不意味着此类解释没有意义。党内法规在制定的过程中，就注重吸纳各方意见，尤其是专家学者的建议，因此当解释主体运用论理解释的方法作出裁量性解释时，党内法规的学理解释也具有重大的参考价值。解释主体可能因立场、精力、资源等因素导致对党内法规的理解过于片面或者不够深入，而相关的专家学者具有研究时间充分、理论论证丰富、立场相对中立等优势，因此其所作的学理解释具有很大的借鉴意义。当然，学理解释只能作为参考，解释主体要在党内法规文本的框架内，对其进行相应的补充和完善，党内法规解释才能最终形成。

制度的生命在于实施，在党内法规制度体系基本形成之后，党内法规建设工作的重心不再是解决无规可依的问题，而是如何提高制度执行力来促进党内法规制度有效落实和实施的问题。党内法规解释体系作为党内法规制度实施的重要环节，对整个党内法规制度体系的构建同样具有重要意义。因此，现阶段党内法规建设工作的重心应当由“立”向“释”逐步转移，重视借鉴法律解释的有益经验对党内法规解释体系进行建立和完善，从而以“良规”促进发展、保障善治。

第四章

构建高效的党内法规制度实施体系

形成完善的党内法规体系是习近平法治思想的重要内容。[①] 坚持依规治党，加强党内法规制度建设，是一项伟大的系统工程，事关党长期执政和国家长治久安，需要付出长期的艰苦努力。建设高效的党内法规实施体系，无疑是其中的重中之重。习近平总书记多次引用古语“世不患无法，而患无必行之法”和“天下之事，不难于立法，而难于法之必行”。2017 年 6 月，中共中央印发《关于加强党内法规制度建设的意见》，对新形势下加强党内法规制度建设作了顶层设计和全面部署。加强党内法规制度建设必须着力解决好两大问题：一是不断制定、修改和完善党内法规制度，实现党内“有法可依”；二是切实遵守、贯彻和执行党内法规制度，实现党内“有法必依”。[②] 截至 2022 年 6 月，全党现行有效党内法规共有 3718 部。可以说，党内

① 参见习近平《论坚持全面依法治国》，中央文献出版社 2020 年版，第 4 页。

② 潘泽林、吴晓敏：《建立健全贯彻执行党内法规制度的长效机制研究》，《湖北社会科学》2007 年第 5 期。

法规制度体系的“四梁八柱”基本立起来了，以党章为根本遵循的党内法规体系基本形成，总体上实现了有规可依。但是党内法规执行还存在“上热中温下冷”，先紧后松、上紧下松、外紧内松等现象，机械执行、选择执行、烦琐执行、变通执行问题都不少。[①]《关于加强党内法规制度建设的意见》首次提出党内法规制度建设坚持制定和实施并重，并将“高效的党内法规制度实施体系”与“完善的党内法规制度体系”、“有力的党内法规制度建设保障体系”并列为加强党内法规制度建设的总体目标，在这样的大背景下，应该与我国的法治国家建设一道，将党内法规制度建设的战略重点转移到党内法规实施的广阔领域，实现有规可依到有规必依的战略转型。[②]

一、党内法规实施体系构建的基本立场

从内在逻辑的推演和转化来看，制度的发展都要经历从制度到制度化，进一步到制度体系构建的演进线路。[③] 党内法规

① 《加强新时代党内法规制度建设的重要举措——中央办公厅负责人就〈中国共产党党内法规制定条例〉等3部党内法规答记者问》，《人民日报》2019年9月16日。

② 刘作翔：《中国法治国家建设的战略转移：法律实施及其问题》，《中国社会科学院研究生院学报》2011年第2期。

③ 莫纪宏：《从制度、制度化到制度体系构建——制度发展的内在逻辑》，《西北大学学报》（哲学社会科学版）2020年第3期。

的制度发展亦是如此，建党早期，党内法规制度零星出现，随着党的建设的丰富和深入，各方面的党内法规制度不断健全完善，最终包括党内法规实施体系在内的整个党内法规制度体系建成，这与我们整个中国特色社会主义制度不断走向成熟和定型的进程相吻合。在这样的大背景下，构建党内法规实施体系应该遵循以下基本立场。

（一）党内法规实施体系是党内法规制度体系的重要组成部分

党内法规制度体系是以党章为根本，以民主集中制为核心，以准则、条例等中央党内法规为主干，由各领域各层级党内法规制度组成的有机统一整体。[①] 这其中，党章是党内法规制度体系中的根本大法，具有最高的权威和效力，也是制定其他党内法规制度的根本依据；民主集中制是党内法规制度体系中的核心制度，党内其他制度均围绕着民主集中制展开，而民主集中制的实质是正确认识、处理和规范全局利益与局部利益、根本利益与具体利益、长远利益与眼前利益之间的关系。[②] 据此可见，党内法规的制度建设体系，包括静态和动态

---

① 宋功德：《全方位推进党内法规制度体系建设》，《人民日报》2018 年 9 月 27 日。

② 参见李斌雄《扎紧制度的笼子：中国共产党党内法规制度的重大发展研究》，武汉出版社 2017 年版，第 43—44 页。

两个层面，前者指党内法规的制定，后者指党内法规的实施。根据《关于加强党内法规制度建设的意见》的要求，要坚持党内法规的制定和实施并重，特别强调要提高党内法规制度执行力。

（二）党内法规实施体系是法治实施体系不可或缺的一环

2011 年，时任全国人大常委会委员长的吴邦国同志宣布，中国特色社会主义法律体系形成。2014 年，党的十八届四中全会明确提出全面推进依法治国的总目标是建设中国特色社会主义法治体系，建设社会主义法治国家。法律体系和法治体系最大的区别在于，前者是静态的制度体系，后者是立体的、动态的、有机完整的体系，包括法律规范体系、法治实施体系、法治监督体系、法治保障体系和党内法规体系。其中，“高效的法治实施体系”被首次提出，“法律的生命力在于实施，法律的权威也在于实施”写入了我国法治建设史上具有标志性的、划时代意义的党的十八届四中全会的政治文献当中，说明了法治实施是建设中国特色社会主义法治体系的关键所在。推进法治实施就要着力构建以法律规范实施为核心，以党内法规实施、人民团体和社会组织规范实施、道德伦理规范实施以及乡规民约等社会生活规范实施构成的法治实施体系。[①] 可见，党内法

① 周强：《形成高效的法治实施体系》，《求是》2014 年第 22 期。

规实施体系是法治实施体系不可或缺的一环，党必须在率先垂范建设好党内法规实施体系的同时，坚持依法执政，在宪法法律范围内活动，发挥好保证执法、支持司法和带头守法的重要作用。

（三）体系化是党内法规实施走向成熟的重要标志

法治的系统观表现为法治是集法治诸要素、结构、功能、过程内在协调统一的有机综合体，之所以要以体系化的方法全面推进依法治国，是因为中国特色社会主义法治本身就是一个要素众多、结构复杂、功能综合、规模庞大的系统工程，各系统要素相互联系、相互作用、相互促进，当其协调一致时可以发挥最大功能，但当某一环节或系统出现了毛病，就会影响整体的正常运行和功能的发挥。[①] 在中国特色社会主义法治体系项下，又具体分为完备的法律规范体系、高效的法治实施体系、严密的法治监督体系、有力的法治保障体系、完善的党内法规体系五大体系。在党内法规体系项下，又可以具体分为党内法规制度体系、党内法规制度实施体系、党内法规制度建设保障体系三大体系。中国特色社会主义法治整体上要体系化推进，对其项下的各子体系也要体系化推进。制度的体系化意味

① 江必新：《国家治理现代化与法治中国建设》，中国法制出版社 2016 年版，第 85 页。

着，制度本身在内容与结构方面发展到了较为完备的阶段，具有高度的逻辑性和自洽性，以规范化的表现形式获得了普遍性认同，与此同时，可以和其他制度实现有机衔接，进而形成一个制度集成的系统，为社会生活的某个方面起到规范和指导作用。党内法规体系化是党内立规必然要解决的问题和实现的目标，对党内法规实施提出体系化的要求，表明这项制度逐步走向成熟。①

（四）高效是党内法规实施体系的基本价值追求

党内法规的实施具有多个层面的价值追求，但是结合党内法规的制度发展规律和当前面临的主要问题，“高效”是最基本的价值追求。高效实施是中国法治实施的总体性要求，究其原因，一是由于法治实施的制度性资源短缺，一些领域和一些环节的法律问题比较集中和突出，法治实施必须突出问题性、针对性和有效性；二是法治建设是一个系统工程，每一个阶段必须找到制高点、重心点、着力点和基本点。② 高效可以被看成是一种结果性价值，也可以被看成是一种过程性价值。其中，结果性价值是指党内法规的制度实施所

---

① 陈光：《论党内法规制度体系化视角下的党内立规协调》，《理论与改革》2018 年第 3 期。

② 程关松：《当代法治实施模式及中国选择》，《江西社会科学》2017 年第 1 期。

要实现的秩序，包括保证党的领导的实现、保障党员的权益等，党内法规的实施必须确保高效，实现依规治党；过程性价值是指党内法规的实施与党的领导权运作密切相关，必须注重过程的效率，党内法规制定之后，一般在执行过程中不再讨论其合理性，实施过程中更注重的是迅速执行，以确保党的意志及时、有效贯彻落实。当然，在强调党内法规实施高效的同时，还要注意处理好与其他价值的关系，尤其是公正，因为没有公正的高效必然导致法治沦落为专政的工具，陷法治于工具主义的窠臼；高效强调的是法治的及时性，这也是公正的内在要求。①

二、党内法规实施体系构建的核心内容

一般来讲，法在被制定出来以后、实施以前，只是纸面上的法律，处在应然状态；法的实施，就是使法律从应然状态进入实然状态。② 党内法规的实施亦是如此，是指把纸面上的党内法规变成实践中的党内法规，推动党内法规具体化现实化的过程，是将党内法规的要求转化为党的领导和党的建设实践活动，使党组织的职权得到行使、职责得到履行，党员义务得到

① 参见李龙主编《国家治理与人权保障》，武汉大学出版社 2017 年版，第 9 页。

② 参见沈宗灵主编《法理学》，北京大学出版社 2014 年版，第 301 页。

履行、权利得到实现，推动党内法规落实落地的过程。[①] 党内法规的实施按照不同的标准可以进行不同的分类，这里，我们以党内法规实施的主体为标准将党内法规的实施分为党内法规的遵守、党内法规的执行和党内法规的监督。

（一）党内法规的遵守

党内法规的遵守，通常简称“守规”，指党的各级各类组织和广大党员干部严格依照党内法规从事各类事务和行为的活动。党内法规的遵守是党内法规实施最重要的要求，也是党内法规实施最普遍的方式。一般来讲，法的遵守包括依照法律享有权利并行使权利，以及依照法律承担义务并履行义务。[②] 相对应地，党内法规的遵守也应该包括依照党内法规享有权利以及履行义务。通常，人们把党内法规的遵守理解为“奉公守法”，限于不做党内法规所禁止的事情或者做党内法规要求做的事情，然而这样的理解过于偏狭，除了这一消极、被动的含义，还包括积极、主动地行使权利。例如，《党员权利保障条例》第二章规定了党员权利，“党员有权以口头或者书面方式对本地区、本部门、本单位的党组织、上级党组织直至中央的各方面工作提出建议和倡议”，党员行使这样的提出建议或者

① 宋功德、张文显主编《党内法规学》，高等教育出版社 2020 年版，第 319 页。

② 张文显主编《法理学》，法律出版社 1997 年版，第 354 页。

倡议的权利，也是在实施党内法规。

党内法规的遵守主体主要是党员和党组织，包括普通党员和党员领导干部以及各级各类党组织。其中，党员是党的肌体的细胞和党的活动的主体，是党内法规的具体实施者，要受到党内法规的约束；党的各级各类组织居于领导地位，确保党的各项路线方针政策和决策部署落实，也要受到党内法规的约束。然而，需要讨论的是，党外群众和非党组织是否应该成为党内法规的遵守主体。我国的党内法规时常对党外群众和非党组织产生一定的影响力甚至拘束力。[①] 例如，《关于领导干部报告个人有关事项的规定》所涉及的领导干部，除了党的领导干部，还包括各级人大机关、行政机关、政协机关、审判机关、检察机关、民主党派机关中的干部。还比如，《党政机关厉行节约反对浪费条例》适用范围除了党的机关，还包括人大机关、行政机关、政协机关、审判机关、检察机关，以及工会、共青团、妇联等人民团体和参照公务员法管理的事业单位等。应当说，领导党与执政党的特殊地位决定了中国共产党享有针对各类调整对象的政党权力，这种权力因其调整对象与正当性来源的不同，可以分为内生性政党权力与外生

---

① 参见张立伟《中国共产党党内法规的正当性论证——基于党内法规与国家法的关系视角》，《中国法律评论》2018 年第 1 期。

性政党权力，其中外生性的政党权力是党内法规具有对外效力的正当性来源。[①] 基于此，对于党内法规直接将党外群众和非党组织作为遵守主体予以规定的，党外群众和非党组织应该予以遵守。

（二）党内法规的执行

党内法规的执行是党的各级各类组织和党员领导干部贯彻执行党内法规的行为活动的总称，主要目的是通过审查党组织和党员行为是否按照党内法规的行为要求予以执行。[②] 一般来讲，法的执行具有主体权威性、内容广泛性、活动单方性和主动性、程序效率性等特点。[③] 相对应地，党内法规具有依党内法规执行，依职权执行，针对具体案件、具体事项执行，围绕管党治党任务执行等特点。[④]

党内法规的执行主体包括党的各级各类组织以及党员领导干部。在党内法规的执行中，党的机构间的相互耦合，发挥着不同功能作用。[⑤] 中共中央于2019 年9 月3 日发布的《中国共

---

① 参见侯嘉斌《党内法规溢出效力的界定与正当性》，《党内法规理论研究》2019 年第2 期。

② 参见王振民、施新州等《中国共产党党内法规研究》，人民出版社2016 年版，186 页。

③ 葛洪义主编《法理学》，中国政法大学出版社2007 年版，第193 页。

④ 韩强、董小沙：《论党内法规的执行》，《中共福建省委党校学报》2019 年第3 期。

⑤ 陈莹莹：《党内法规执行机制研究》，《法学评论》2020 年第3 期。

产党党内法规执行责任制规定（试行）》[以下简称《党内法规执行责任制规定（试行）》] 第3条规定，在党中央集中统一领导下，建立健全党委统一领导、党委办公厅（室）统筹协调、主管部门牵头负责、相关单位协助配合、党的纪律检查机关严格监督的执规责任制，统分结合、各司其职，一级抓一级、层层抓落实。这一规定对党内法规的执行主体进行了划分，并且该规定的第4条、第5条、第6条、第7条、第8条等分别对地方各级党委，党委办公厅（室），党委职能部门、办事机构、派出机关、直属事业单位等，党组（党委），街道、乡镇党的基层委员会和村、社区党组织，国有企业党委，实行党委领导下的行政领导人负责制的事业单位党组织等主体的责任内容作了细化规定。

领导干部的带头作用对党内法规的执行非常重要。《关于加强党内法规制度建设的意见》明确要求，提高党内法规的执行力，要坚持以上率下，从各级领导机关和党员领导干部做起，以身作则、严格要求，带头尊规学规守规用规。当前，部分党员干部对制度治党的重要性认识不足、制度观念不强、法规意识淡薄，甚至存在以言代规、以权压规的现象，这导致党内法规的执行大打折扣。前几年的一次问卷调查显示，有60.94%的人认为党内法规制度的执行力“很强”和“比较强”；认为党员干部、党员领导干部、党组织、制度制定和执行机关的执行力“很强”和“比较强”的分别占59.33%、68.97%、71.08%、68.48%；认为党员干部、党员领导干部“遇事想不起按法规制度办”的，分别占58.10%、45.86%。[①] 可见，未来推进党内法规的执行，还要在领导干部身上多下功夫。

（三）党内法规的监督

从国家法学的层面来讲，法的实施包括了法的遵守、法的执行和法的适用。其中，法的适用通常是指国家司法机关及司法人员依照法定职权和程序处理案件的专门活动，通常也被称为“司法”。司法是法律实施的一种方式，对实现立法目的、发挥法律的功能具有重要的意义。但是，中国共产党的内部体系是一个特殊的体系，内部是保持着统一的整体，“司法”功能在党内法规的实施中无法体现，在党内法规的实施中，对于权利受到了侵犯和剥夺的维护往往通过救济的方式进行保护。[②] 然而，“司法”之于法的实施，除了具有权利保障的功用，还具有实现权力监督和制约的作用。任何制度设计都有一个必不可少的环节——监督机制，在党内法规实施体系中，也

---

① 参见中组部研究室部刊处《党内法规制度执行力不强的主要表现》，《党建文汇》2016年第2期（上）。

② 李军：《中国共产党党内法规研究》，天津人民出版社2016年版，第149—150页。

需要这样的制度设计。换言之，要保证党内法规得到全面有效施行，就必须建立和完善中国共产党党内法规自身的监督机制，并确保这一机制有效运行。

监督是党内法规实施体系必不可少的环节。习近平总书记指出："抓好法规制度落实，必须落实监督制度，加强日常督察和专项检查。要用监督传递压力，用压力推动落实。"① 党内法规的监督必须有明确的目标指向，《中国共产党党内监督条例》（以下简称《党内监督条例》）规定，党内监督的任务是确保党章党规党纪在全党有效执行，维护党的团结统一。可见，党内法规的监督包括对党内法规制定的监督和对党内法规实施的监督，前者是对目前存在的党内法规进行必要的监督，从而保证党内法规符合党章与国家宪法和法律的规定；② 后者则是要保证包括党章在内的党内法规在全体党员和党组织中得到全面有效施行。党内法规监督按照监督主体不同可以分为党内监督和社会监督，其中，党内监督的主要形式有党委监督（包括党的中央组织和地方组织）、纪委监督、党的工作部门监督、党员监督等，社会监督则包括民主党派、无党

---

① 中共中央纪律检查委员会、中共中央文献研究室编《习近平关于严明党的纪律和规矩论述摘编》，中央文献出版社、中国方正出版社 2016 年版，第 90 页。

② 莫纪宏：《建立和完善党内法规的监督机制》，《学习与探索》2015 年第 10 期。

派人士监督和新闻舆论监督等形式。[①] 对于党内法规的监督，也要抓住“牛鼻子”，监督的重点是党的领导机关和领导干部，特别是主要领导干部，这是由党的领导机关和领导干部，特别是主要领导干部承担的在全面从严治党中管党治党的责任所决定的。[②]

三、党内法规实施体系构建的推进路径

党内法规体系建设既要围绕时代内涵、价值取向，明确基本原则，又要以问题为导向，回应实践需求；既要抓宏观体系建设，又要抓微观机制完善；既要解决现有问题，又要做好风险防范。[③] 新时代，党内法规实施体系的构建也需要经由科学的路径予以推进。

（一）确立强有力的利益导向

优质高效的制度安排不仅能够为每个人提供充分的长期创新动力或制度激励，而且能够同时为每个人提供行为选择的制度罚单和约束条件，从而建构起权益激励和责任惩罚的有效均

---

① 陈焱光：《完善党内法规实施机制　创新执纪监督方式方法》，《中国社会科学报》2019 年 11 月 20 日。

② 梁光晨：《关于建立党内法规施行监督机制的几点思考》，《新西部》2017 年第 25 期。

③ 石佑启、陈可翔：《新时代党内法规体系建设的价值取向与路径选择》，《求索》2019 年第 1 期。

衡机制。[①] 法律作为一种社会制度，其功能可归纳为激励和惩罚，法律的有效实施有赖于激励和惩罚功能的发挥。为此，在推进完善法律实施的过程中应注意从利益导向机制入手，降低法律实施成本，消除法律实施障碍，优化配置法律实施资源，使守法者得到更多实惠，使违法者受到有效惩罚。[②] 党内法规实施体系的构建也是如此，应该确立强有力的利益导向，核心便是激励和惩罚。

当前，党内法规实施体系利益导向不强，具体体现为激励不足和惩罚不够，这使得党内法规制度体系执行力出现了很大的问题，包括党内法规制度虚置、党内法规制度剪切、党内法规制度敷衍、党内法规制度附加等。[③] 进一步解决这些问题，必须确立强有力的利益导向。一方面，加大激励。2018 年，中共中央办公厅印发了《关于进一步激励广大干部新时代新担当新作为的意见》，明确要求建立激励机制和容错纠错机制，进一步激励广大干部新时代新担当新作为，通过制度形式调动和激发干部队伍的积极性、主动性、创造性。未来，我们

① 俞宪忠：《优好制度设计的基本原则：激励与惩罚相兼容》，《社会科学战线》2011 年第 12 期。

② 江必新：《中国法律实施：纲要、内容与路径》，《新华月报》2014 年第 18 期。

③ 邵从清：《论提高党内法规制度体系执行力》，《山东社会科学》2016 年第 12 期。

要注重发挥法规制度的激励作用，正面引导相关主体的从政从业行为。[①] 例如，在合适的时机，可以探索制定“中国共产党党内表彰条例”。[②] 另一方面，加重惩罚。落实全面从严治党新要求，从严定纪，提高标准、收紧要求，切实体现党的纪律严于国家法律的特点，使纪律和规矩立起来、严起来。近年来，我们密集修改《中国共产党纪律处分条例》（以下简称《纪律处分条例》），推进监察体制改革，就是要加大对腐败的惩处力度。

（二）进行全方位的机制设计

党内法规实施体系的构建最终要落到各项具体机制的创设与完善上。按照党内法规执行流程的推进，实施的机制主要包括以下几项。

公布机制。发布与公开是党内法规生效的必要条件，是普及党内法规的重要途径。中共中央在《关于加强党内法规制度建设的意见》中明确提出要“加大公开力度，建立健全党内法规制度统一发布平台”，并“做好党内法规制度降密、解密和汇编出版工作”。要按照中央的要求，建立统一的党内法

---

① 宋福波：《充分发挥法规制度的激励约束作用》，《中国纪检监察》2015 年第 13 期。

② 中共中央党校第 64 期厅局级进修班课题组：《推进党内激励工作规范化、科学化》，《中国党政干部论坛》2015 年第 9 期。

规公布制度，对公布的原则、主体、程序、方式、期限、格式等作出全面规定，同时进一步整合公布资源，建立分级的党内法规公布机制。

传播机制。党内法规公布之后，要通过有效的途径进行传播。要实现传播的模式由原来的直线传播转变为波动且全向传播，前者是从上至下的信息推送模式，通过层层筛选过滤进行传播，后者则是能实现多向、多渠道传播，缩短了通道长度，从而大大提高了制度的传播效率和信息保真度，这就要求党内法规传播不能局限于会议、文件、报告等传统途径，而要多利用现代化媒体科技，通过新媒介传播党的制度内容。①

解释机制。党内法规的解释对于释放制度潜能、增强制度适应性、提高制度生命力具有不可替代的重要作用。《党内法规制定条例》规定了党内法规解释的适用、主体和效力等，2015 年 7 月中共中央办公厅印发了《党内法规解释工作规定》，对党内法规的解释工作进行了细化，要在此基础上通过确立原则、明确主体、理顺程序、规范方法来进一步构建完善的党内法规解释制度。

学习机制。尊规、学规才能守规、用规，认真学习是提高

---

① 邵从清：《论提高党内法规制度体系执行力》，《山东社会科学》2016 年第 12 期。

党内法规执行力的基础。要加强学习教育，加大党内法规宣讲解读力度，将党内法规制度作为各级党委（党组）中心组学习的重要内容，纳入各级党校、行政学院、干部学院必修课程，将党内法规制度作为党员主题日的重要内容，推动广大党员学习党内法规制度常态化，将党内法规制度作为领导干部入职培训、群团入党教育的基本内容。此外，还需要逐步探索更为科学的党内法规学习成效评判机制。①

责任机制。党内法规的实施，必须落实责任，明确分工。《党内法规执行责任制规定（试行）》逐一明确规定了党委、党组、党的工作机关、党的基层组织、党的纪律检查机关等各级各类党组织和党员领导干部的执规责任，要以该规定为契机，把执规工作的责任机制逐步完善起来。

督查机制。要加强对贯彻落实党内法规的监督检查，由此维护党中央的权威和集中统一领导。要优化党内法规监督方式，包括健全定期监督检查机制，实现党内法规监督检查常态化；要完善专项监督检查机制，聚焦重点党内法规、党的重点机构、重点群体开展精准监督；要优化联合监督检查方式，有效整合党内督促检查、党内监督等制度资源，推进党内法规监督检查与党的督促检查、巡视巡察等工作有机衔接，以最小监

① 杨云成：《提高党内法规制度的执行力》，《学习时报》2017 年 3 月 27 日。

督成本，获取最大监督效益。[①]

追究机制。责不在于重，而在于必行，对于违反和破坏党内法规制度的行为，要予以责任追究和及时惩处。对于《党内法规执行责任制规定（试行）》中列举的不贯彻执行党中央关于党内法规执行的决策部署以及上级党组织有关决定，履行领导、统筹、牵头、配合、监督等执规责任不力，执行党内法规打折扣、搞变通或者选择性执行，本地区本单位在执规中出现重大问题或者造成严重后果以及其他的情形，要以问责、纪律处分、监督执纪等既有规则体系为基础，及时追究党组织和党员领导干部责任。[②]

备案机制。党内法规制定之后，要根据实施状况做好备案审查，尤其是事中和事后的备案审查，建立起贯通上下的备案工作体系，完善备案工作考核通报制度。一些地方党委在此方面作了非常有益的探索，比如中共湖北省委印发的《关于加强党内法规制度建设的实施意见》对备案工作进一步细化，提出要坚持和完善备案审查衔接联动机制、备案工作联系点制度和备案工作年度考核通报制度等，这些探索在未来成熟时应该予以及时推广。

---

① 陈一远、肖金明：《加强党内法规制度建设 推动全面从严治党向纵深发展》，《光明日报》2018 年 10 月 29 日。

② 伍华军：《论党内法规责任及惩处追责机制》，《党内法规理论研究》2019 年第 1 期。

（三）探索高效率的效果反馈

党内法规从制定到实施，如果要形成一个闭环，那么还有一个环节必不可少——实施效果的反馈，反馈的最终目的是促使作为实施依据的党内法规进行调整和修正。在效果反馈的过程当中，以下两项工作尤为重要。

其一，党内法规的效果评估。党内法规实施后，必须通过一定的方式对其实施效果进行分析和评价，发现存在的缺陷或不足，进而为党内法规的立改废释提供实践依据。《关于加强党内法规制度建设的意见》指出，“制定党内法规制度必须牢牢抓住质量这个关键，方向要正确、内容要科学、程序要规范”。要保证党内法规的质量要求，必须对党内法规进行效果评估。《党内法规制定条例》第36条提出，要对党内法规执行情况、实施效果开展评估，进一步应该制定党内法规实施效果评估的操作办法，对党内法规实施后评估的主体、内容、方式、标准和步骤作出规定。一些省份已经对此作了一些探索，比如2018年初四川省委办公厅印发了《省委党内法规实施评估办法（试行)》，对实施后的省委党内法规从制定质量、执行情况、实施效果等方面进行调查和评价，还较为创新地提出了政治性、合法性、合理性、协调性、操作性、实效性、规范性和必要性八项评估标准。此外，学者们也从多个维度对此进行了制度设计，比如有学者设计了党内法规的完善性、执行力、党规与国法的协调性和党员带头守法程度等评估指标，[①] 有学者从评估的主体、客体、内容、程序和方法等方面进行了全方位讨论。[②]

其二，党内法规的实施清理。党规制度是有生命周期的，因此，党规制度的“生老病死”就不足为怪。随着党的工作的发展创新，党内法规不适应以及不协调、不一致、不衔接等问题开始出现，党内法规生命力转入衰落期，在规范和调整特定党务关系时捉襟见肘，在解决相关问题时力不从心，越来越不能满足实践发展需要。至此，终止该党规的效力就成为明智选择。[③] 由此，对于党内法规必须进行及时的清理。2012 年 6 月，中共中央部署开展了我们党历史上第一次党内法规和规范性文件集中清理工作，清理工作分两个阶段进行，2014 年 11 月17 日《中共中央关于再废止和宣布失效一批党内法规和规范性文件的决定》发布，标志着中共中央党内法规和规范性文件集中清理工作全部完成。[④] 党内法规进行大规模清理，应

① 王立峰：《党内法规评估指数》，《中国法律评论》2016 年第 3 期。

② 韩强：《论党内法规实施效果评估的标准及价值功能》，《湖北行政学院学报》2019 年第 1 期。

③ 参见宋功德《党规之治：党内法规一般原理》，法律出版社 2021 年版，第 535 页。

④ 《中央党内法规和规范性文件集中清理工作全部完成》，《人民日报》2014 年 11 月 18 日。

立则立，应废则废，应改则改，彰显党的建设日益正规化、规范化，党的建设取得新的进步。[1] 然而，这次大规模的党内法规清理虽然拉开了党内法规清理的序幕，但依然存在清理主体不明确、清理方式单一、清理标准模糊、缺少权威的法规规定等诸多问题，亟须解决。[2] 未来应该在逐步解决这些问题的过程中，慢慢完善清理制度，并且让中央和地方党内法规的清理都成为一种常态。

道虽迩，不行不至。制度的生命力在于执行，执行力也是治理能力的核心组成，只有在执行中才能真正检验党内法规的科学性、有效性。要坚持目标导向和问题导向相结合，总结已有经验，坚持党的实事求是的思想路线和原则，善于发现问题，补齐短板，有针对性和富有成效地解决党内法规制度实施在理论和实践中存在的突出问题。[3] 唯有如此，才能保证党内法规真正立得住、行得通、管得了。

---

① 参见王振民《党内法规清理是从严治党、依法执政的重要举措》，人民网，http://cpc.people.com.cn/n/2013/0830/c164113-22747435.html。

② 欧爱民、赵筱芳：《论党内法规清理的功能、困境与出路》，《上海政法学院学报》（法治论丛）2019 年第 3 期。

③ 张晓燕：《关于党内法规制度实施体系建设的思考和建议》，《理论学刊》2017 年第 3 期。

第五章

构建有力的党内法规制度建设保障体系

党内法规制度建设对党和国家事业发展具有重要意义。2021 年 12 月，习近平总书记在全国党内法规工作会议上作出重要指示，强调要发挥好党内法规在维护党中央集中统一领导、保障党长期执政和国家长治久安方面的重大作用，在推进新时代党的建设新的伟大工程、落实全面从严治党方面的重大作用，确保党在坚持和发展中国特色社会主义的历史进程中始终成为坚强领导核心，为全面建设社会主义现代化国家、实现中华民族伟大复兴的中国梦提供坚强政治保证。[①] 党的十八大以来，以习近平同志为核心的党中央大力推进党内法规制度建设，取得了空前的历史性成就。2021 年 7 月 1 日，习近平总书记在庆祝中国共产党成立 100 周年大会上的重要讲话中指出，“坚持依规

---

① 《发挥好党内法规在维护党中央集中统一领导　保障党长期执政和国家长治久安方面的重大作用》，《人民日报》2021 年 12 月 21 日。

治党、形成比较完善的党内法规体系”①。这样一个庄严宣告标志着我们党内法规制度达到了更加成熟、更加定型的新高度，要以此为起点，加快形成完善的党内法规制度体系。党内法规制度建设保障体系是党内法规制度建设体系的重要组成部分，必须与党内法规制度体系一体推进。2021 年 1 月，中共中央印发《法治中国建设规划（2020—2025 年）》要求强化党内法规制度建设保障，将其作为法治中国建设的重要组成部分加以强调。当前，要以习近平总书记相关重要论述为指引，结合上述规划的要求，着重研究党内法规制度建设保障体系的基本立场、构建目标、基本要素与实现路径，全方位推进党内法规制度建设。

一、构建党内法规制度建设保障体系的基本立场

“求木之长者，必固其根本；欲流之远者，必浚其泉源。”构建党内法规制度建设保障体系是一项浩繁的系统工程，需要认识并把握其基本立场。基本立场既是方向也是纲领，是开展工作的总依据。在构建党内法规制度建设保障体系过程中，要明确它在整个党内法规制度建设中的位置，明确它的体系化特征和基本价值追求。

① 习近平：《在庆祝中国共产党成立 100 周年大会上的讲话》，《人民日报》2021 年 7 月 2 日。

（一）党内法规制度建设保障体系是党内法规制度建设的全面支撑

习近平总书记指出，加强党内法规制度建设是全面从严治党的长远之策、根本之策。我们党要履行好执政兴国的重大历史使命、赢得具有许多新的历史特点的伟大斗争胜利、实现党和国家的长治久安，必须坚持依法治国与制度治党、依规治党统筹推进、一体建设。[①] 党内法规制度是制度治党、依规治党的重要保障，但党内法规制度建设本身也需要相应的保障系统。从系统论的角度来看，党内法规制度建设是一个内涵十分丰富的概念，既是一个动态的过程，也是一个系统的工程。从内容上看，党内法规制度建设不仅包括党内法规的制定，还包括党内法规的实施，以及党内法规制度建设的领导体制、工作机制、队伍建设和工作保障等内容，这些方面互联互动、连成一体。[②] 任何成熟、行之有效的制度的背后都有相应的保障体系加以支撑。以法治建设为例，如果没有一系列保障条件，法治就难以实现，法治保障体系是支撑法治大厦的地基。[③] 同样

---

① 《坚持依法治国与制度治党、依规治党统筹推进、一体建设》，《人民日报》2016 年 12 月 26 日。

② 参见宋功德、张文显主编《党内法规学》，高等教育出版社 2020 年版，第 21 页。

③ 参见付子堂《形成有力的法治保障体系》，《求是》2015 年第 8 期。

地，党内法规制度建设保障体系是党内法规制度建设的基础和支柱，没有有力的保障体系就难有党内法规体系的持续完善和依规治党事业的深入推进。截至 2022 年 6 月，全党现行有效党内法规共有 3718 部。其中，党中央制定的中央党内法规 221 部，中央纪委以及党中央有关部门制定的部委党内法规 170 部，省、自治区、直辖市党委制定的地方党内法规 3327 部。[①] 这是我们党 100 多年来持续推进建章立制取得的重要成果，是党内法规制度建设史上的里程碑，标志着党内法规制度建设由此迈入高质量发展新阶段。[②] 但同时必须指出，在目前党内法规数量如此之多的情况下，没有科学的保障因素、机制、手段加以维系，党内法规体系的发展将受到制约，难以保证体系的自洽和统一。同时，徒法不足以自行，如此庞大的党内法规体系需要有力的保障机制加以落实，否则可能徒为具文而无实效，不能从纸面走入实践，任凭再多的条文也起不到务实管用的效果。

（二）体系化是党内法规制度建设保障体系成熟的标志

制度体系是一系列制度按照一定的秩序和关系所组合成的具有特定功能的一个整体，具有整体性、集合性、相关性、目

① 参见中共中央办公厅法规局《充分发挥依规治党的政治保障作用》，《人民日报》2022 年 6 月 26 日。

② 参见中共中央办公厅法规局《中国共产党党内法规体系》，《人民日报》2021 年 8 月 4 日。

的性、动态性等特征。制度的体系化意味着制度本身在内容与结构方面发展到了较为完备的阶段，体系化的制度方能形成合力，避免“牛栏关猫”与“木桶效应”。习近平总书记曾就反腐倡廉党内法规制度建设指出，要加强反腐倡廉党内法规制度建设，尽快形成内容科学、程序严密、配套完备、有效管用的反腐败制度体系。[①] 体系化是党内法规制度建设保障成熟的标志，它意味着各要素已经摆脱了凌乱无章、各自为政的局面，组成一个高效协作的系统。一方面，保障体系必须进行体系化构建。在一个融洽的体系中，每个要素在其他要素的支撑下可以发挥更大的效用，避免重复作用与相互掣肘。体系化能够带来“1 +1 >2”的整体效果，对党内法规制度建设这一资源耗费巨大的系统工程尤为重要。另一方面，保障体系的体系化构建是完全可行的。与党内法规制度体系、党内法规制度实施体系不同，党内法规制度建设保障体系内容更加复杂，包括理论、人才、文化、物质等，但是这些要素并非杂乱地堆放在一起，而是彼此目的一致、互有联系，轻重有别、先后有序，是诸多要素组成的有机整体，能够按照一定的原则和方式合理组织起来。

---

① 中共中央文献研究室编《习近平关于全面依法治国论述摘编》，中央文献出版社 2015 年版，第 45 页。

（三）“有力”是党内法规制度建设保障体系的价值追求

任何体系中的构成要素都有其背后的价值原则，在价值原则的串联下各要素组成相互关联的统一体，呈现价值目的逻辑性与内在价值统一性的特点。[①] 中央文件中使用“有力”一词描述党内法规制度建设保障体系，有着深刻的内涵。“有力”具体体现为全面性、持续性与高效性。第一，全面性是“有力”的首要含义。党内法规制度建设保障体系作为党内法规制度建设三大目标之一，具有兜底性的特点，覆盖党内法规制度建设的全过程和各方面，为党内法规的形成、运转并最终为依规治党目标的实现提供全面综合的保障，如果有一环没有保障到位，便会影响整个目标的实现。第二，持续性是“有力”的基本要求。制度具有固根本、稳预期、利长远的作用。制度本身具有稳定、持续的特征，历史制度主义认为，制度领域存在路径依赖现象，在历史的某一时间点形成的制度不会因后来环境的变化而轻易改变。[②] 党内法规制度的长期性和稳定性决定了党内法规制度建设保障体系必须面向持续，保证党内法规制度建设行稳致远。第三，高效性是“有力”的必备因素。

① 参见朱岩《社会基础变迁与民法双重体系建构》，《中国社会科学》2010 年第 6 期。

② 参见李秀峰《制度的持续性特征及约束功能——对历史制度主义公共政策研究框架的探索》，《中国行政管理》2013 年第 10 期。

以最小的成本投入来实现行政目的，同时已投入的成本能够最大程度地实现行政目的，是国家行政的重要原则——效能原则。[①] 同样，党内法规制度建设保障体系的构建要追求高效，在资源利用与政策选择上聚焦主要目标，减少资源浪费。依规治党的长期性决定了必须设计出精简高效的保障体系，将长期的资源消耗控制在合理的水平。在体系建设上，运用系统思维，最有效率地配置人、财、物等资源，实现整体帕累托最优。[②]

二、党内法规制度建设保障体系的构建目标

任何一种制度从产生到发挥效果都要经历两个阶段——制度的生成与秩序的形成。两者并非同步，存在着时间因素、社会资源、形成机制、利益冲突方式和冲突终结方式等多方面的区别。[③] 秩序的形成依赖制度的实施，但制度的生成并不必然导致秩序的形成。具体来看，秩序的形成是抽象的、长期的过程，制度的生成是具体的、短期的过程；秩序形成会在共同体中产生深远的影响，而制度生成的效果可能只会流于表面。必

---

① 参见李洪雷《行政法释义学：行政法学理的更新》，中国人民大学出版社 2014 年版，第 108 页。

② 参见〔美〕保罗·A. 萨缪尔森《经济学》，胡代光译，北京经济学院出版社 1996 年版，第 271—272 页。

③ 参见蒋立山《为什么有法律却没有秩序——中国转型时期的社会秩序分析》，《法学杂志》2005 年第 4 期。

须指出，党内法规制度建设保障体系所保障的对象既包括制度的生成，也包括秩序的形成，不能只顾及其中一个方面，忽略另一个方面。

（一）静态层面上保障党内法规制度的供给

习近平总书记指出："要把制度建设摆在党的建设的重要位置，以制度建设巩固思想建设、组织建设、作风建设、反腐倡廉建设成果，加强制度执行力建设，为党的长治久安提供坚强制度保障。"① 党内法规制度本身的优劣决定党内法规制度建设的成败。党内法规制度建设保障体系首要保障的便是党内法规的良好供给，具体有以下几个方面。

第一，保证鲜明的政治方向。"加强党内法规制度建设，必须以习近平新时代中国特色社会主义思想为指导，坚持正确政治方向。"② 政治性，是党内法规的首要特征，是党内法规的"灵魂"。③ 党内法规鲜明的政治性是由中国共产党作为马克思主义政党的本质属性决定的，"党规姓党"是党内法规制度供给的首要原则。保障体系要确保党内法规体现党的统一意

---

① 中共中央纪律检查委员会、中共中央文献研究室编《习近平关于严明党的纪律和规矩论述摘编》，中央文献出版社、中国方正出版社 2016 年版，第 127—128 页。

② 《决定召开十九届四中全会》，《人民日报》2019 年 8 月 31 日。

③ 参见宋功德、张文显主编《党内法规学》，高等教育出版社 2020 年版，第 24 页。

志，服务于党的政治目标，体现党的性质与追求，有助于党的长期执政能力建设、先进性和纯洁性建设，确保中国共产党始终成为中国特色社会主义事业的坚强领导核心。

第二，保证过硬的立规质量。党的十八大以来，党中央高度重视党内法规制度建设，各项相关工作实现了跨越式发展。但不可否认，当前党内法规的制定质量尚存在一些问题，如“党内法规制度系统性、协调性还不够，四大板块中基础主干性党内法规不够齐全，存在不少法规制度空白；配套法规制度跟不上，无法形成上下紧密衔接的制度合力；一些法规制度冲突重复、叠床架屋，还有一些法规制度老化严重，明显滞后于实践”①，影响了党内法规制度建设向前推进。党内法规制度建设保障体系应当致力于提高立规质量，完善制度体系，健全基础主干性中央党内法规，完善配套中央党内法规，健全部门和地方党内法规，统筹推进党内法规立改废释工作，夯实党内法规体系的基底。②

第三，保证及时的制度供给。“坚持问题导向，针对管党治党存在的突出问题，扎紧制度笼子，实现制度与时俱进。”③

---

① 中共中央办公厅法规局：《以改革创新精神加快补齐党建方面的法规制度短板》，《求是》2017 年第 3 期。

② 《坚持依法治国与制度治党、依规治党统筹推进、一体建设》，《人民日报》2016 年 12 月 26 日。

③ 《中共中央政治局召开会议》，《人民日报》2018 年 8 月 1 日。

“党的建设是与党所处的历史方位、所面临的客观环境紧密联系在一起的，根据时代发展和环境变化加强和改进党的建设，不断提高党的领导水平与执政水平，是党的建设的一条基本经验。”① 党内法规制度建设始终与全面从严治党实践相伴随，全面从严治党推进到哪里，党内法规制度建设就延伸到哪里。②《法治中国建设规划（2020—2025年）》要求：“坚持立改废释并举，与时俱进做好党内法规制定修订工作。”正如学者所言，制度建设的功用要通过引领和保障党的建设体现，制度建设在“自转”的同时要紧紧围绕党的建设“公转”。③ 这决定了党内法规制度建设必须随党的建设的调整而调整，随全面从严治党的推进而推进，要具备鲜明的政治导向与问题导向。

（二）动态层面上保障党内法规秩序的形成

马克思指出，秩序是一定的物质的、精神的生产方式和生活方式的社会固定形式，因而是它们相对摆脱了单纯偶然性和任意性的形式。④ 习近平总书记曾在内蒙古考察并指导开展

---

① 刘红凛、张垚：《深刻认识信息化对党的建设的影响——关于信息化与党的建设研究综述》，《人民日报》2012年9月14日。

② 参见宋功德、张文显主编《党内法规学》，高等教育出版社2020年版，第2页。

③ 参见宋功德《深刻领会“把制度建设贯穿其中”》，《秘书工作》2018年第1期。

④ 《马克思恩格斯全集》第25卷，人民出版社1974年版，第894页。

“不忘初心、牢记使命”主题教育时指出，党内法规不少，主要问题在于执行不力，有的是缺乏执行能力，有的是缺乏执行底气。要强化法规制度执行，不能打折扣。[①] 这说明我们距离党内法规秩序的形成还有一段距离，不少党内法规还仅仅停留在“纸面上”“口头上”。党内法规秩序的形成需要具备以下几个要素。

第一，保证党内法规的及时公布。公布是秩序形成的起点，公布不及时会有损党规的严肃性。及时公布既是立规主体的义务，也是党员知情权的要求。从党内民主和党员权利的角度讲，除非涉及党的秘密，每个党员都有权及时知晓党内法规的内容。此外，及时公布也有利于培养党员的党规认同。如果党内法规中涉密党规较多，或者党规公布严重滞后，会让党员产生隔阂感与距离感，往往不愿主动学习和遵守。对此，中共中央印发的《关于加强党内法规制度建设的意见》明确要求，“加大公开力度，建立健全党内法规制度统一发布平台”并“做好党内法规制度降密、解密和汇编出版工作”。因此要完善党内法规公布的方式方法，尽快建立起分级的党内法规公布机制。

第二，保证党内法规的广泛传播。传播是秩序形成的前提，传播不广泛难以形成知规守规的文化氛围。在现阶段，广

---

① 《牢记初心使命贯彻以人民为中心发展思想　把祖国北部边疆风景线打造得更加亮丽》，《人民日报》2019 年 7 月 17 日。

泛传播主要是一种可获得性，普通党员不需要花费很多成本即可获悉党规的内容。党内法规由相关主体发布后，要有广泛的渠道让广大党员获悉，比如在党建网站、政府网站上予以转载、及时组织会议传达。更进一步地，广泛传播还应该是一种主动的推送。学习党内法规是每个党员的义务，这种义务更多是强制性而非倡导性。将来要充分利用党建 App、“智慧党建”等信息化手段传播党内法规，做到及时、定点推送。

第三，保证党内法规的有效学习。学习是秩序形成的关键，学习不深入难以践行党规。习近平总书记曾就学习党章指出：“通过学习教育，使全党同志对党章内化于心、外化于行。”[①]“内化于心、外化于行”八个字深刻概括了党内法规学习的效果和目标。要加大党内法规宣讲解读力度，将党内法规作为各级党委（党组）中心组学习的重要内容，纳入各级党校（行政学院）、干部学院必修课程，将党内法规制度作为领导干部入职培训、群团入党教育的基本内容。发展党员时要将党内法规作为入党积极分子和发展对象的教育内容，将遵守党内法规情况、掌握党内法规知识情况作为考察积极分子、发展对象、预备党员的重要标准。让每个党员持之以恒争做党内法

① 习近平：《认真学习党章　严格遵守党章》，《人民日报》2012 年 11 月 20 日。

规的忠实崇尚者、自觉遵守者、坚定捍卫者。

第四，保证党内法规的严格监督。习近平总书记强调："对党内法规制度执行不力、落实不好、问题突出的，要敢于亮黄牌、掏红牌。"[①] 监督是秩序形成的保障，监督不严格难以形成激励。监督贯穿整个党内法规体系运行的全过程，影响和控制着党内各行为主体的活动。"要解决组织不执行法规制度、个人不遵守法规制度等种种问题，必须从加强党内监督上下功夫。"[②] 党内法规不同于法律，法律具有较低程度的道德性，而党内法规却具有较高的伦理道德要求，一些党内法规甚至是道德的制度化。[③] 因此，党规秩序的形成比法律秩序的形成更为艰难。为此更需以严格监督促进党规秩序的形成。要优化党内法规监督方式，健全定期监督检查机制，实现党内法规监督检查常态化；完善专项监督检查机制，聚焦重点党内法规、党的重点机构、重点群体开展精准监督，[④] 对不守规的"关键少数"予以严肃问责。

---

① 习近平：《在中央和国家机关党的建设工作会议上的讲话》，《求是》2019 年第 21 期。

② 刘先春、葛英儒：《全面构建党内法规执行的监督保障体系》，《中共中央党校（国家行政学院）学报》2020 年第 4 期。

③ 参见刘长秋《依规治党与以德治党相结合研究》，《探索》2017 年第 6 期。

④ 参见莫纪宏《建立和完善党内法规的监督机制》，《学习与探索》2015 年第 10 期。

三、党内法规制度建设保障体系的基本要素

作为一项尚未正式付诸实践的工程，党内法规制度建设保障体系的组成难有定论。为了不耽于烦琐的学术争论而延误实践进程，本书以《关于加强党内法规制度建设的意见》《法治中国建设规划（2020—2025 年）》两份文件为基础，参考法治保障体系建设，结合相关研究，概括出政治保障、组织保障、理论保障、人才保障、文化保障、物质保障这六大部分。需要强调的是，保障体系的组成是一个开放的体系，会随时代发展与党内法规制度建设的深入不断吸收新的要素，这里所列举的保障要素是当前建设最迫切、最重要的。

（一）政治保障

习近平总书记指出，要增强依规治党的自觉性和坚定性，把牢政治方向，提高政治站位，扛起政治责任，紧紧围绕党和国家工作大局继续推进党内法规制度建设。① 党的领导是最重要也是最有力的保障因素，政治保障根据主体和作用的不同而有所区分。第一，党中央的推动和支持。党中央是党的组织体系的大脑和中枢，是党的最高领导机关。党的十八大以来，党

① 《发挥好党内法规在维护党中央集中统一领导　保障党长期执政和国家长治久安方面的重大作用》，《人民日报》2021 年 12 月 21 日。

中央坚持全面从严治党，坚持制度治党、依规治党，实现了党内法规制度建设的跨越式发展。党中央对党内法规制度建设的保障是根本的、全面的，没有党中央的坚强领导，党内法规制度建设便失去方向，党内法规制度建设保障体系自然也无所适从。第二，各相关部门的有效落实。《关于加强党内法规制度建设的意见》指出："落实领导责任，党内法规制度建设在党中央统一领导下进行，日常工作由中央书记处负责，中央办公厅按照中央要求做好统筹协调工作。中央纪委要认真履行监督执纪问责的工作职责，切实维护党章和其他党内法规。"有权制定党内法规的主体应加强对制定工作的领导，健全党内法规的修改、解释、备案审查、实施评估等机制，纪委、纪检组应履行好执规职责，切实做好政治审核。第三，全体党员领导干部的身体力行。党规秩序的形成离不开领导干部这个"关键少数"。党的领导干部既是决策者、谋划者和组织者，也是执行者、推动者和实践者，更是引领"绝大多数"尊崇党规、落实党规的标杆。①

（二）组织保障

党内法规组织保障的关键是按照工作职责需要设立独立的

① 参见金成波、郭晓丽《提升党内法规制度执行力的举措分析》，《新视野》2020 年第 4 期。

负责机构，因为有独立负责机构的编制，便会有相应的人员编制、办公场所和工作经费等保障。[①] 具体而言，应当重点建设如下机构。第一，立改废释机构。党内法规立改废释的主体大多数情况下是同一的。为提高党内法规制定工作的专业化水平和管理效率，党内法规制定主体应当设立法规局（处）以承担相应职能，在党委办公厅的领导下开展工作。第二，备案审查机构。备案审查是保障党内法规方向正确、质量过硬、体系融贯、与国家法律相协调的重要机制。2019 年修订的《中国共产党党内法规和规范性文件备案审查规定》要求，“党组织对下级党组织报备的党内法规和规范性文件进行审查，具体工作由其所属法规工作机构或者承担相关职能的工作机构办理”。随着党内法规规模的扩大以及规范性文件的增多，各级党委应设立独立的备案审查机构。第三，实施评估机构。《关于加强党内法规制度建设的意见》要求：“建立健全党内法规执行情况、实施效果评估制度，对准则、条例等重要党内法规，要适时进行评估。”及时评估有利于发现党内法规制定和实施过程中的问题，提出解决对策，从而提高党内法规的制定质量。2019 年出台的《党内法规执行责任制规定（试行）》

① 参见周叶中、邵帅《论构建党内法规制度建设保障体系》，《党内法规理论研究》2019 年第 1 期。

规定，党内法规实施评估的组织实施主体是党内法规制定主体。具体评估主体可以是党内法规制定主体、党内法规实施主体和社会组织。[①] 为了推动评估工作常态化，可以通过与高校、智库联合设置评估机构的方式，党规制定主体负责领导，评估机构负责具体实施，承担调查研究、设计评估指标和评估方案等工作。这样既能常态化监测党内法规的实施效果，又能保证评估结论的客观性。

（三）理论保障

列宁曾讲："没有革命的理论，就不会有革命的运动。"[②] 习近平总书记指出："理论上清醒，政治上才能坚定，斗争起来才有底气、才有力量。"[③] 理论深度决定了党内法规建设的高度。目前，党内法规的研究，实践已经走得很远，理论还没有跟上，"高原"尚未形成，"高峰"更是难得一见。[④] 理论研究的落后与实践的深入产生脱离，制约党内法规制度建设发展。《法治中国建设规划（2020—2025 年）》就此特别指出："加快补齐党内法规理论研究方面短板，重点建设一批党内法

---

① 参见宋功德、张文显主编《党内法规学》，高等教育出版社 2020 年版，第 344 页。

② 《列宁选集》第 1 卷，人民出版社 2012 年版，第 311 页。

③ 《习近平谈治国理政》第 3 卷，外文出版社 2020 年版，第 227 页。

④ 参见王伟国《主流学术话语体系亟待形成》，《光明日报》2017 年 10 月 26 日。

规研究高端智库和研究教育基地，推动形成一批高质量研究成果，引领和聚集一批党内法规研究人才。”党内法规是治党、法治、政治三者的交集，党规理论研究横跨党建学、法学、政治学三个学科，很难将党规制度现象纳入其中任何一个学科的研究对象，应该单独设置具有针对性和专业性的党内法规学科和党规研究机构。[①] 目前党内法规的上游理论如马克思主义理论、党史党建学、法学等学科发展已较为成熟，已经形成中国话语与中国特色，各取所长、整合利用是济时之策。

（四）人才保障

毛泽东曾指出，政治路线确定之后，干部就是决定的因素。有计划地培养大批的新干部，就是我们的战斗任务。[②] 习近平总书记强调，要下大气力全方位培养、引进、用好人才。[③] 一支革命化、正规化、专业化、职业化的党规队伍对党内法规建设保障至关重要。《法治中国建设规划（2020—2025年）》要求：“加强党内法规专门工作队伍建设，突出政治标准，加强专业化建设，充实各级党内法规工作机构人员力

① 参见欧爱民《中国共产党党内法规总论》，人民出版社 2019 年版，第 100 页。

② 《毛泽东选集》第 2 卷，人民出版社 1991 年版，第 526 页。

③ 《深入实施新时代人才强国战略　加快建设世界重要人才中心和创新高地》，《人民日报》2021 年 9 月 29 日。

量。”党规队伍的建设水平决定着党内法规运行的效率和质量，影响着党规秩序的形成。目前党内法规专业队伍存在定位不明确、专业化程度不高、执规经验不足等问题，需在以下几方面加强建设。第一，提高一线人员业务能力。党内法规专门工作队伍要定期进行业务培训，实行党建业务轮训。各级党校（行政学院）、干部学院要专门开设党内法规进修班，举办党内法规专题研讨班，负责相关人员业务学习与交流研讨。第二，加大后备人才储备水平。要在高校中设置党内法规独立学科，科学规划党内法规教材体系建设，组织编写党内法规专业核心课程教学大纲，规范主干课程教学的基本要求和基本内容，切实保证党内法规学健康发展和持续繁荣。推行高校与党内法规工作部门人员互聘计划，探索建立选拔党内法规学毕业生直接进入党内法规工作队伍的便捷机制。

（五）文化保障

良好的党内政治文化以及浓厚的党内法规文化能够给党内法规制度建设提供深厚滋养。制度化不仅意味着形式上的规范，而且离不开文化价值和社会力量的支援。① 美国学者理查德·斯科特认为，制度之所以具有稳定性特征，得益于规制、

① 参见〔美〕彼德·布劳《社会生活中的交换与权力》，张非、张黎勤译，华夏出版社 1988 年版，第 315 页。

规范和“文化－认知”要素促进了制度的传播、维持与再生产的过程；建构型制度化与“文化－认知”要素密切相关，其进程具有较强的参与主体多元性，需要协调共同信念和共同的行动逻辑进行逐步建构。[①] 在党内法规制度化进程中，党规文化能够起到培植党员共同信念、坚定党员共同意识的作用。党规文化是全党的精神财富，对党内法规制度建设有如春风化雨般的作用，原因在于党规文化能影响党内法规的制度认同。制度认同是人们对特定的政治、经济、社会制度产生的政治感情的归属感，是民众从内心产生的对制度的高度信任和肯定。[②] 有了制度认同，人们才能够主动接受并自觉遵守该制度。一切社会制度若要得到民众最大的支持，必须拥有为全社会所接受的、行使社会权威的道德正当性。[③] 党内法规的真正落实要靠深沉持久的党规文化。比如，从“不敢腐”、“不能腐”到“不想腐”，需要形成清正廉洁的文化氛围，以党内清风涵养党员正气。通过在全党、全社会进行有力宣传，开设党内法规主题公园、党内法规广场等纪念场所，拍摄党内法规主

① 参见〔美〕W. 理查德·斯科特《制度与组织：思想观念与物质利益》，姚伟、王黎芳译，中国人民大学出版社 2010 年版，第 56—57 页。

② 参见柳望望《当代中国马克思主义大众化的意义及实现方式研究》，武汉大学出版社 2017 年版，第 254 页。

③ 参见〔美〕丹尼尔·贝尔《资本主义文化矛盾》，赵一凡、蒲隆、任晓晋译，生活·读书·新知三联书店 1989 年版，第 124—125 页。

题纪录片、影视剧等方式，形成浓厚的党内法规文化，让尊规、守规成为每个党员的自觉状态。

（六）物质保障

党内法规制度体系化建设的过程就是全面从严治党不断深入的过程，这个过程需要大量的资源助推——“转型秩序对资源的耗费是最巨大的，一旦社会资源支持出现不足或纠正不力，旧的行为模式故态复发的状况，秩序维持就会出现问题！”[①] 巩固党内法规制度建设成果，推动依规事业向纵深发展，要有充足的经费和物质投入。一方面，要提高与党内法规相关职业的待遇。通过增加人员编制、提高薪资水平、强化职业保障以建设党内法规专业队伍。随着党内法规数量增多和依规治党深入推进，重要的和规模较大的党组织都应具备一定数量的党内法规专业人员。除立规、执规等专门机构的工作人员外，其他党组织中专门从事党建、党务的工作人员也应当纳入党内法规工作队伍，按照相关标准保障待遇。另一方面，大力支持党内法规理论研究的开展。要进一步增加党内法规研究课题投放，资助出版一批高水平学术论著，推进党内法规理论创新，重点建设一批具有较大影响力的党内法规智库，适时成立

① 蒋立山：《为什么有法律却没有秩序——中国转型时期的社会秩序分析》，《法学杂志》2005 年第 4 期。

全国党内法规研究会。

四、党内法规制度建设保障体系的实现路径

加强党内法规制度建设，无论是制定工作还是实施工作，解决好有人管、有人干、有决策、有落实，有理论指引、有考评、有经费支持等问题，都离不开有力的组织领导。[①] 一纲举而万目张，组织领导就是构建党内法规制度建设保障体系的"总抓手"和"牛鼻子"。中央决策着眼于组织领导这一关键因素，无疑是切中时弊的大局判断，有着深远的政治考量。《关于加强党内法规制度建设的意见》聚焦加强组织领导，从落实领导责任、完善体制机制、加强队伍建设、强化工作保障四个方面提出一整套组织保障措施，为加强党内法规制度建设提供坚实保障指明了清晰的操作路径。

（一）落实领导责任

加强组织领导，首先要落实领导责任。具体而言，有如下几点：其一，明确主体职责，实现分工明晰化。职权明确是展开行动的第一步。在中央层面，党内法规制度建设的日常工作由中央书记处负责，中央办公厅做好统筹协调工作，党内法规

---

① 参见宋功德《党规之治：党内法规一般原理》，法律出版社 2021 年版，第 140 页。

专门队伍的建设管理由中组部负责，党内法规的宣传教育由中宣部负责，地方层面分工与之类似，各单位则要设置专门机构负责党内法规的学习、宣传、监督。每个重点环节都要进一步落实到具体的个人或者组织。例如，在政治保障方面，领导干部要率先垂范、以上率下，严格落实《党委（党组）落实全面从严治党主体责任规定》《党内法规执行责任制规定（试行）》，自觉尊规守规学规用规。第二，设置任务目标，实现问责精准化。中央指出要一级抓一级、层层抓落实，压实主体责任，因此，要在明确责任主体的基础上设定任务目标，进一步将目标分解成可观测、可量化的单元，上级机关通过检查督促、巡视巡察等方式进行有力监督。比如在落实政治保障的主体责任方面，《党委（党组）落实全面从严治党主体责任规定》进行了细致规定，各级党委（党组）可以设置落实全面从严治党主体责任清单，明确党委（党组）及其领导班子成员应当承担的具体责任；党委（党组）每年应对制定本地区或本单位落实全面从严治党主体责任的年度任务进行安排，明确责任分工和完成时限。在其他保障因素的责任确立上也应采取这种方式，比如理论保障上要求每年产出一定数量的著作、论文、研究报告等；人才保障上要求每年培养一定数量的党内法规人才、进行一定批次的干部轮训等。任务目标设定后，上级机关要加强监督，对怠于履职的主体要严肃、精准问责。

（二）完善体制机制

习近平总书记指出，要完善党内法规制定体制机制，构建以党章为根本、若干配套党内法规为支撑的党内法规制度体系，提高党内法规执行力。① 确定好责任机构和责任人后，要进一步探索确立有效的体制机制。第一，完善专门工作机制。专门工作机制包括党规实施评估机制、党规清理机制、人员交流聘任机制、教育培训机制、经费投放和使用机制等。在各种机制的制定上要树立精细化管理理念，把理念、战略、方针政策等具体化为可操作的制度规则、标准、程序，摆脱对个人领悟力和经验的依赖，实现从粗放式管理到精细化管理的飞跃。② 第二，完善激励约束机制。制度建设的关键在于做好“统筹协调”和“激励”。对建设党内法规制度体系和依规治党目标的达成，有贡献者予以奖励，有过错者予以惩戒，是激励约束机制的功能体现。为此需要建立健全检查考核机制，完善考核内容体系和方式方法，强化考核结果反馈以及运用。第三，完善运行监督机制。所有的机制运转都需要一个不可或缺的运行监督机制，在党内法规制度建设中，监督机制起着压轴

① 习近平：《加快建设社会主义法治国家》，《求是》2015 年第 1 期。

② 参见周志忍、李璐《环境信息质量保障体系：美国经验及其启示》，《中国行政管理》2021 年第 4 期。

压阵的作用，诉诸严明纪律、强化监督、强化激励、严肃惩戒，为党务关系主体提供正向激励的动力与反向遏制的压力。[①] 运行监督机制不仅是独立的，更主要的是分散在其他体制机制之中，好比法律文本中最后的“法律责任”，起到威慑的作用，比如在党内法规科研经费的使用机制中要明确弄虚作假的纪律责任。

（三）加强队伍建设

好的制度最终还是要靠人来执行和运转，由此，建立一支正规化、专业化的党规队伍势在必行。第一，制定党内法规人才培养规划。虽然当前党内法规人才面临很大缺口，但不可急于求成甚至滥竽充数，将许多不具备资格和能力的人员纳入工作队伍，否则不利于党内法规事业的高质量发展。在人才培养上，要制定短期和长期规划，抓好理论教育与实践锻炼，将一批受过党内法规专业训练的人员充实到党内法规工作队伍当中去，逐步解决基层和欠发达地区党内法规人才匮乏问题。第二，推动党内法规从业人员职业化。职业化才能让从业者专注和安心，要完善党内法规职业保障体系，探索推行党内法规工作职业准入制度，健全从相关专业毕业生中招录人才的便捷机

① 参见宋功德《党规之治：党内法规一般原理》，法律出版社 2021 年版，第 695 页。

制。科学核定岗位编制，提升党内法规职业荣誉感和吸引力，着力打造一支结构优良、水平领先的党内法规队伍。第三，重点培养一批党内法规领军人才。任何领域在草创阶段都离不开领军人才的带动。从理论研究的角度，党内法规作为一门刚刚建立起来的学科，在学术积累上尚处于低水平阶段，在研究方向和研究方法上也缺乏共识，零敲碎打式的分散化研究不利于学科的成长和成熟，因此需要重点培养领军人才，尤其是年轻学者和青年干部，让他们心无旁骛地投入党内法规研究和建设中，更好地积累学术成果、引导学术方向、总结学术方法，引领党内法规建设向前推进。

（四）强化工作保障

工作保障主要指资金和工具上的支持。其一，加大经费投入。各级党委应当根据工作要求，将党内法规工作经费纳入预算。在经费使用上要针对政治保障、组织保障、理论保障、人才保障、文化保障和物质保障有计划地使用，加强经费管理，提高经费使用效益。比如在文化保障上，有条件的地方可以投资制作广告、宣传片等；在理论保障上，相关部门可以组织党内法规相关的研究项目、成果资助等。其二，加强信息技术的应用。信息时代的到来深刻地改变了我们的生活习惯、组织和行为方式，也将深深地影响党的建设。我们党非常重视信息化的应用，2019年，中共中央印发的《中国共产党党员教育管理条例》专设一章“党员教育管理信息化”，要求“适应时代发展要求，充分运用互联网技术和信息化手段，改进党员教育管理工作，推进基层党建传统优势与信息技术深度融合”。信息技术的应用可以为六大保障提供深度支持，比如在政治保障上指导组织生活和党组织建设，在文化保障上促进党内法规的广泛传播等。目前有的地区在“党建信息化”探索方面取得了良好的效果，如北京“党员E先锋”、山东“灯塔-党建在线”、福建“党员e家”、四川“智慧红云”、黑龙江“龙江党建”等。我们也可以在党建信息化平台的基础上探索对党内法规制度建设的保障。

水之积也不厚，则其负大舟也无力；风之积也不厚，则其负大翼也无力。当前，党内法规制度建设取得了前所未有的成就，依规治党深入党心民心，但是，保障这一重大工程的党内法规制度建设保障体系仍有不足，制约了整个工程的持续发展。因此，应当以习近平总书记关于党内法规制度建设的重要论述为遵循，加快构建党内法规的制度建设保障体系，搞好制度本身的“供给侧”结构性改革，为完善的党内法规制度体系和高效的党内法规制度实施体系建设提供持久深厚的保障。

第六章

形成坚持真理、修正错误，发现问题、纠正偏差的机制

坚持真理、修正错误作为党在长期奋斗过程中形成的优良传统和宝贵经验，是中国共产党必须长期坚持的辩证唯物主义的根本立场；发现问题、纠正偏差作为新时代全面从严治党的客观要求，是推进党的自我革命伟大实践的重要途径。党的二十大报告明确提出，坚持制度治党、依规治党，以党章为根本，以民主集中制为核心，完善党内法规制度体系，增强党内法规权威性和执行力，形成坚持真理、修正错误，发现问题、纠正偏差的机制。党的十八大以来，中国共产党在实践中赋予坚持真理、修正错误，发现问题、纠正偏差机制以全新内涵，为新时代坚持制度治党、依规治党提供了重要遵循。加快完善党的自我革命制度规范体系，必须要准确理解和把握坚持真理、修正错误，发现问题、纠正偏差机制的内涵要求与逻辑关系，充分发挥该机制的系统性、整

体性效能。

一、坚持真理、修正错误，发现问题、纠正偏差机制的客观认识

坚持真理、修正错误是中国共产党坚持以马克思主义哲学为理论基础，在党的百年革命实践中总结归纳出的根本立场方法和重要认知。建党百年，中国共产党对坚持真理、修正错误的认识不断深化，坚持真理、修正错误的内涵也伴随着党的建设事业发展不断完善，并对党坚持这一根本立场提出更高要求。发现问题、纠正偏差是完善党的自我革命制度规范体系的重要组成，是新时代全面从严治党战略实施过程中的实践创新，为新时代推进党的自我革命、深化党的建设新的伟大工程提供了重要指引。理解和把握坚持真理、修正错误，发现问题、纠正偏差机制的内涵，是完善党的自我革命制度规范体系的基础前提。

（一）坚持真理、修正错误的渊源流变

真理是人们对于客观事物及其规律的真实反映。马克思主义真理观作为马克思主义哲学的重要组成部分，是马克思主义经典作家及马克思主义坚定信仰者对真理认识的总结凝练，是以实践为基础的辩证唯物的科学真理观。伴随中国共产党的成

立，马克思主义基本原理同中国革命具体实践紧密联系，马克思主义真理观亦伴随马克思主义中国化进程而不断发展，并逐步形成了一套科学完备的体系。错误是对立于真理而存在的概念，真理和错误二者间相反相成，亦对立统一。真理一旦超越界限便会出现错误，而错误本身得到改正便有可能转化为真理。

坚持真理、修正错误观点的提出最早出现于1945年4月24日毛泽东同志在党的七大上作的题为《论联合政府》的报告中。党的七大是我党历史上一次非常重要的会议，是距党的六大召开17年后再次召开的党内重要会议，会议除颁布我党独立自主制定的第一部党章外，还将毛泽东思想确立为全党的指导思想，为新民主主义革命的最终胜利与新政权的建立提供了根本思想遵循。毛泽东同志在《论联合政府》中指出："共产党人必须随时准备坚持真理，因为任何真理都是符合于人民利益的；共产党人必须随时准备修正错误，因为任何错误都是不符合于人民利益的。"① 毛泽东同志提出坚持真理、修正错误的观点，并非凭空臆造，而是基于20余年来中国共产党革命实践的客观经验与教训。自中国共产党成立至抗日战争时期，受制于党内对马克思主义基本原理认识程度的局限，以及

① 《毛泽东选集》第3卷，人民出版社1991年版，第1095页。

党内出现的教条主义、宗派主义、分裂主义等不正之风，党的领导出现了脱离实际、脱离革命、脱离群众等危险信号，加之幼年时期的中国共产党对共产国际组织与苏联经验的过度依赖，阻碍了马克思主义基本原理同中国革命具体实践二者间的协调结合，致使党内先后出现了陈独秀右倾投降主义、王明“左”倾教条主义等错误，严重破坏了党内团结与革命事业的健康发展。[①] 面对这些问题，毛泽东同志深刻认识到将马克思列宁主义基本原理同中国革命具体实践相结合、开辟马克思主义中国化道路的重要性，明确提出了坚持真理、修正错误的根本立场，进而形成了毛泽东思想。坚持真理、修正错误是中国共产党人在革命过程中通过实践、认识、再实践、再认识循环往复经历而得出的客观结论。

伴随新民主主义革命取得了最终胜利，中国共产党实现了从局部执政向全国执政的历史性转变，坚持真理、修正错误的根本立场也伴随着中国共产党执政道路的不断探索而根深蒂固。立足新中国成立初期国家改革建设实际，中国共产党人始终秉持理论联系实际原则，及时总结经验教训，敢于坚持真理，同一切错误行为或错误倾向作斗争，为国家建设发展作出

---

① 陈东平、余振武：《勇于坚持真理、修正错误是党执政60年的鲜明特征》，《中国浦东干部学院学报》2010年第1期。

突出贡献。例如，刘少奇提出许多生产资料可以作为商品、两种劳动制度、两种教育制度的观点，周恩来提出知识分子绝大多数是劳动人民的知识分子、科学技术在现代化建设中具有关键性作用等观点，邓小平提出关于整顿工业企业、实行职工代表大会制度等观点，陈云提出计划指标必须切合实际、建设规模必须同国力相适应等观点，邓子恢提出农业中要实行生产责任制的观点等。这些都是在实践中针对存在的问题或为纠正错误倾向而提出的，彰显了中国共产党坚持一切从实际出发、践行理论与实际相结合的原则。[①] 但是，伴随“文化大革命”席卷全国，党和国家的生产、生活秩序遭到严重破坏，一场错误的革命运动给年幼的国家政权带来了十年浩劫。直至党的十一大顺利召开，严肃批判了“四人帮”的错误行径，宣告“文化大革命”结束，中国共产党才重新带领中国人民回归到建设社会主义现代化强国的正途之上。总而言之，历史和实践充分证明，坚持真理、修正错误是中国共产党在革命实践中得出的根本立场与原则，任何违背真理的错误思想与行径都可能给党和国家的事业带来巨大破坏，唯有坚定不移地坚持真理，毫不畏惧地同错误斗争，中国革命才能取得最终胜利。

---

① 参见本报评论员《坚持真理，修正错误，不断前进！——纪念中国共产党诞生六十五周年》，《海南大学学报》（社会科学版）1986 年第 2 期。

在实现改革开放伟大历史变革的转折时期，“文化大革命”的残余思想继续影响着党内生活与国家建设的健康发展。党中央继续发挥坚持真理、修正错误的优势，通过一系列拨乱反正措施，确保党的正确路线、方针、政策有效服务于社会主义经济的健康发展。1977 年 2 月，一篇题为《学好文件抓住纲》的社论公开发表，文中提到，“凡是毛主席作出的决策，我们都坚决维护，凡是毛主席的指示，我们都始终不渝地遵循”[①]。毫无疑问，“两个凡是”的错误方针，实质上是“左”倾错误思想的延续，不利于新时期国内社会主义事业的恢复和发展。对此，1978 年 5 月，中央党校内部刊物《理论动态》第 60 期刊登了题为《实践是检验真理的唯一标准》一文，提及对“四人帮”设置的禁区“要敢于去触及，敢于去弄清是非”。[②] 文章见刊后引起了广大干部群众的热烈探讨，一场关于真理标准问题的大讨论一触即发。

如果将新民主主义革命时期与社会主义革命和建设时期坚持真理、修正错误的原则视为“提出和解释了真理是什么以及为何要坚持真理”的初级阶段，那么改革开放时期则步入了“探讨和检验了真理的客观标准以及如何坚持真理”的发

① 《学好文件抓住纲》，《人民日报》1977 年 2 月 7 日。

② 中共中央组织部编《中国共产党组织建设一百年》，党建读物出版社 2021 年版，第 283 页。

展阶段。1978 年 12 月，邓小平同志在中央工作会议闭幕会上作了题为《解放思想，实事求是，团结一致向前看》的重要讲话，深刻指出坚持实事求是、一切从实际出发、理论联系实际原则对于把握党和国家命运的重要意义。伴随改革开放实践的不断深入，党和国家建设发展逐步恢复正常秩序，社会主义市场经济体制的健全完善极大促进了国内生产力的快速发展，民主政治建设迎来历史上的全新阶段，中华民族实现了从站起来到富起来的伟大飞跃。历史又一次充分证明，坚持真理、修正错误是中国共产党一以贯之的根本立场，是作为马克思主义政党一贯倡导的重要原则。唯有坚定不移地坚持真理，义无反顾地同错误斗争，中国共产党的革命事业才能够不断取得胜利，并最终实现共产主义远大理想。

党的十八大以来，中国特色社会主义进入新时代，党和国家事业取得历史性成就，发生历史性变革。以习近平同志为核心的党中央清醒地认识到坚持真理、修正错误对于确立党中央正确领导、推进党和国家事业蓬勃兴旺发展的重要性，始终把坚持真理、修正错误的根本立场和重要原则摆在突出位置。党的十八大报告指出，“必须增强创新意识，坚持真理，修正错误，始终保持奋发有为的精神状态”；党的十九大报告指出，“时代是思想之母，实践是理论之源。只要我们善于聆听时代声音，勇于坚持真理、修正错误，二十一世纪中国的马克思主义一定能够展现出更强大、更有说服力的真理力量”；党的二十大报告指出，要“形成坚持真理、修正错误，发现问题、纠正偏差的机制”。不难看出，党的十八大以来，中国共产党在探索新时代伟大征程中进一步深化了对坚持真理、修正错误的内涵理解与逻辑认知。值得注意的是，党的二十大报告立足自我革命战略思想，创造性地提出了坚持真理、修正错误的实践路径——坚持制度治党、依规治党。制度带有根本性、全局性、稳定性、长期性的特征，通过制度管党治党，能够有效避免人治的随意性，进而避免真理辨别的主观性，这是中国共产党在汲取百年历史经验教训的基础上作出的总结，是推进党的自我革命制度规范体系建设的现实必需。坚持制度治党、依规治党，既能够通过制度的创设保证真理的客观性，又能够通过制度的执行反复检验和发展真理，更能够借助制度的权威同错误作坚决斗争。早在延安时期，毛泽东同志在回答如何跳出治乱兴衰历史周期率、避免人亡政息、确保政权长期存在问题时，给出了“窑洞对”的第一个答案——人民监督政府；建党百年，以习近平同志为核心的党中央在全面从严治党实践中给出了第二个答案——党的自我革命。无论是外部的民主监督，还是内部的自我革命，两个答案的核心内涵具有一致性，那就是始终代表着最广大人民的根本利益，始终秉持着彻底的自我革命精神，始终践行着坚持真理、修正错误的根本立场和重要原则。

中国共产党的百年奋斗历史，实际上就是中国共产党坚持实事求是原则，在实践中坚持真理、修正错误，从而日臻完善、不断前进的能动发展史。李大钊同志的座右铭“人生最高之理想，在求达于真理”，道出了共产党人的价值理想与追求，一代代中国共产党人牢记初心使命，坚定着追寻真理的纯洁本心。

（二）发现问题、纠正偏差的概念内涵

在党的自我革命制度规范体系语境下，对发现问题、纠正偏差概念内涵的理解必须要同坚持真理、修正错误的概念进行比较。所谓“问题”，应为“需要研究讨论并加以解决的矛盾、疑难”。“问题”本身的定性是否为“错误”，仍需要在具体实践中进一步判断。换言之，“出现问题”是“酿成错误”的基本前提，但“问题”本身是否成为“错误”，二者间的演变过程不容忽视。就“纠正偏差”与“修正错误”而言，前者的纠正对象基本存在偏离标准的情况，而后者的修正对象则是与真理背离的内容。从内容上来说，坚持真理、修正错误与发现问题、纠正偏差二者的调整事项有所区分。党章规定：

“党在自己的政治生活中正确地开展批评和自我批评，在原则问题上进行思想斗争，坚持真理，修正错误。”不难发现，坚持真理、修正错误的根本立场主要体现在对原则问题的争论上。何为原则问题？具体应指中国共产党的党性原则，亦即中国共产党为保持无产阶级先锋队的性质而规定的基本原则，主要内容是：（1）坚持以马克思列宁主义、毛泽东思想为自己行动的指南；（2）坚持党的最高纲领，决心为共产主义奋斗到底；（3）大公无私，全心全意为人民服务；（4）具有严格的组织性、纪律性，同党中央保持思想上政治上的高度一致；（5）密切地联系群众，坚持群众路线；（6）认真开展批评与自我批评，勇于承认和改正自己的缺点错误，敢于并善于同一切错误思想和不良倾向作斗争。[①] 不同于坚持真理、修正错误的调整内容，发现问题、纠正偏差则更为具体，主要涉及纪检监察机关的监督职责。习近平总书记在十八届中央纪委七次全会上指出，强化党内监督，重在日常、贵在有恒。党的各级组织要敢于较真碰硬，见物见人见细节，从点滴抓起，从具体问题管起，及时发现问题、纠正偏差。[②] 作为纪检监察机关的基

① 张公新、陆嘉陵主编《党规党法辞典》，中国政法大学出版社 1992 年版，第 490 页。

② 《全面贯彻落实党的十八届六中全会精神　增强全面从严治党系统性创造性实效性》，《人民日报》2017 年 1 月 7 日。

本职责和第一职责，发现问题、纠正偏差是对监督主体提出的客观要求。从方式上来说，如何保证坚持真理、修正错误机制的贯彻执行？答案是依靠斗争。敢于坚持真理、勇于修正错误作为唯物主义者所必需的思想品质，是一个成熟的马克思主义政党应当具备的鲜明政治品格；而敢于斗争同时也是马克思主义政党的精神底色，是中国共产党完成历史使命、成就伟大事业的动力源泉。“斗争是矛盾运动规律的集中体现，斗争内嵌于团结奋斗之中。中国共产党追求的团结，是有原则的团结，不是一团和气，更不是团团伙伙，必须坚持真理、修正错误，勇于同各种错误言行作斗争，在斗争中巩固和增强团结。”①新时代斗争精神内嵌于团结奋斗实践当中，坚持真理、修正错误通常是在伟大斗争实践中得以站稳立场。那么如何发现问题、纠正偏差呢？如前所述，主要依靠监督，通过监督来发现问题进而纠正偏差。

二、坚持真理、修正错误，发现问题、纠正偏差机制的价值共性

坚持真理、修正错误与发现问题、纠正偏差共同作为党的

① 丁薛祥：《为全面推进中华民族伟大复兴而团结奋斗（认真学习宣传贯彻党的二十大精神）》，《人民日报》2022 年 11 月 2 日。

自我革命制度规范体系的组成部分，二者存在价值目标的一致性，共同致力于完善党的自我革命制度规范体系，作用于深化党的自我革命伟大实践。

（一）同根同源：源自党的初心使命

中国共产党人的初心和使命，就是为中国人民谋幸福，为中华民族谋复兴。2019 年 5 月，习近平总书记在“不忘初心、牢记使命”主题教育工作会议上强调，“为中国人民谋幸福，为中华民族谋复兴，是中国共产党人的初心和使命，是激励一代代中国共产党人前赴后继、英勇奋斗的根本动力”[①]。为中国人民谋幸福、为中华民族谋复兴的初心和使命，彰显的是中国共产党人的历史自觉和政治担当、科学理念和长远眼光、顽强意志和斗争精神。[②] 党的初心使命的凝练概括，集中体现和反映着党的政治性质、根本宗旨、行动纲领，具有极其深刻且丰富的内涵。坚持真理、修正错误作为中国共产党的一贯作风，是中国共产党实事求是思想路线的内在要求，是中国共产党坚持辩证唯物主义的根本立场。对坚持真理、修正错误的不懈追求反映出中国共产党始终不忘人民利益的初心，牢记民族

---

① 习近平：《在“不忘初心、牢记使命”主题教育工作会议上的讲话》，《求是》2019 年第 13 期。

② 舒国增：《深入理解践行中国共产党人的初心和使命（深入学习贯彻习近平新时代中国特色社会主义思想）》，《人民日报》2019 年 7 月 4 日。

复兴的使命。发现问题、纠正偏差也是践行党的自我革命的客观要求。习近平总书记指出，“自我革命本身就是对着问题去的，讳疾忌医是自我革命的天敌。无论什么时候，问题总是客观存在的，怕就怕对问题熟视无睹、视而不见”①。回顾百年党史，中国共产党正是因为强调发现问题、纠正偏差机制的重要性，及时发现并有效处理思想、行动上的各种问题，才真正确保了党的路线、方针、政策不动摇，确保了党始终代表最广大人民的根本利益，从而为实现中华民族伟大复兴不断赋能。总而言之，坚持真理、修正错误，发现问题、纠正偏差机制源于党的初心使命、服务党的初心使命，并在机制实践中不断彰显党的初心使命。

（二）同舟共济：完善党的制度治理

制度治党是政党治理的一种高级形态，是实现政党治理现代化的必然选择与必经之路。制度治党是以制度化的方式管理党内事务、规范党员行为，以制度的手段提升党的治理能力，避免因人治的主观性与随意性削弱政党治理的科学性。中国共产党自诞生以来便高度重视党内的法规制度建设，注重运用制度管党治党，通过制度治党实践提升党的执政能力与领导水平，并且在各个历史时期积累了宝贵的经验。立足新时代，加

① 习近平：《论坚持全面深化改革》，中央文献出版社 2018 年版，第 328 页。

强党内法规制度建设是全面从严治党的长远之策、根本之策，更是推进党的自我革命伟大实践的制度保障。党的二十大报告深刻阐述了“坚持制度治党、依规治党”“完善党内法规制度体系”以及“党的自我革命”的逻辑关系，突出了制度治党、依规治党在完善党的自我革命制度规范体系实践中的作用。其中，坚持真理、修正错误，发现问题、纠正偏差机制的提出，为新时代坚持制度治党、依规治党提供了科学而且具体的标准。坚持真理、修正错误着重强调党内法规制度的权威性，必须同一切违反党性原则的行为作斗争，坚决维护党的正确路线、方针与政策；发现问题、纠正偏差则是重点凸显党内法规制度的执行力，要在党内法规制度执行过程中践行“防微杜渐”和“惩前毖后、治病救人”的原则，有效避免小问题酿成大祸患，发挥党内法规制度的优越性。二者同舟共济，共同为完善党的制度治理、激发党内法规制度活力、推动党内法规制度优势转化为治理效能提供保障。

（三）同心协力：推进党的自我革命

立足新时代，推进党的自我革命，完善党的自我革命制度规范体系，是坚持真理、修正错误，发现问题、纠正偏差机制的根本目标与不竭动力。勇于自我革命是中国共产党区别于其他政党的显著标志，自我革命精神是党永葆青春活力的强大支撑。习近平总书记指出，“有些人迷恋西方多党轮替、三权鼎立那一套，认为一党执政无法解决自身存在的问题。实际上，纵观各国政党，真正像中国共产党这样能够始终如一正视自身问题，能够形成一整套自我约束的制度规范体系，能够严肃惩处党内一大批腐化变质分子的，可以说少之又少”①。中国共产党坚持实事求是、践行自我约束的过程，实际上就是坚持真理、修正错误，发现问题、纠正偏差的过程。党的二十大报告针对完善党的自我革命制度规范体系系统论述了“为什么推进”“靠什么推进”和“怎么样推进”党的自我革命。其中，坚持真理、修正错误，发现问题、纠正偏差机制为“怎样推进”环节提供了具体方向。新时代的赶考之路对中国共产党提出了更高要求，党面临的“四大考验”“四种风险”具有长期性和尖锐性。因此，推进党的自我革命，既要靠治，更要靠防，坚持真理、修正错误，发现问题、纠正偏差正是发挥了同心协力的机制优势。

三、坚持真理、修正错误，发现问题、纠正偏差机制的科学建构

坚持真理、修正错误，发现问题、纠正偏差机制的形成，

① 中共中央党史和文献研究院编《十八大以来重要文献选编》（下），中央文献出版社 2018 年版，第 591—592 页。

得益于完善党的自我革命制度规范体系的现实必需。科学建构坚持真理、修正错误，发现问题、纠正偏差机制，必须客观把握其内在要求，在实践中不断丰富其科学内涵。

（一）坚持真理、修正错误的内在要求

作为马克思主义使命型政党，中国共产党始终在各种考验中追寻真理，不断在磨炼与磨砺中纠正错误。对于执政党而言，理性认识并发现真理并非易事，能够勇于承认自身错误并坚决同错误作斗争才是难上加难。为此，践行坚持真理、修正错误的根本立场对中国共产党提出了明确要求。

第一，坚持马克思主义不动摇。中国共产党能够取得如此辉煌的成就，其根本原因在于坚持马克思主义不动摇。作为马克思主义政党，中国共产党是用科学理论武装起来的先进政党，始终代表着社会发展的正确方向。中国共产党历经百年实践磨砺，始终勇于坚持真理、修正错误，正是马克思主义政党先进性的生动体现。换言之，马克思主义反复强调了坚持真理、修正错误对于政党自身发展的极端重要性。历史和实践充分证明，中国共产党取得的历次飞跃性成就，都得益于坚持真理、修正错误的根本立场；经历的大多数挫折与磨难，都归因于背离马克思主义的指导思想。马克思主义哲学作为科学的方法论，始终是指导中国共产党事业前进的根本依据，是我们党

的事业不断取得胜利的重要法宝。恩格斯曾鲜明指出，“马克思的整个世界观不是教义，而是方法。它提供的不是现成的教条，而是进一步研究的出发点和供这种研究使用的方法”①。建党百年，马克思主义中国化的进程就是中国共产党结合实际，不断加深和巩固对马克思主义理论认识的生动历程。习近平总书记在党的十九大报告中指出：“只要我们善于聆听时代声音，勇于坚持真理、修正错误，二十一世纪中国的马克思主义一定能够展现出更强大、更有说服力的真理力量!”坚持马克思主义，就必须坚持真理，勇于修正错误；秉持坚持真理、修正错误的根本立场，就是坚持马克思主义的根本体现。当然，马克思主义不仅是关于认识世界、改造世界的客观方法论，更是支撑社会主义和共产主义理想信念的科学世界观。信仰作为人性在价值理念层面的表现形态，其集中反映出“人在具体的生产、生活等实践活动中形成的一种对世界的认同方式，是对某种事物或现象的极度信奉和尊崇，寄托着人的精神和情感的终极关怀并以之为自己思想和言行的准则”②。马克思主义作为科学的世界观和方法论，其科学性使其不仅是解决中国实

① 张占斌：《马克思的整个世界观不是教义而是方法》，《光明日报》2022年8月12日。

② 徐俊：《当代中国社会信仰问题之反思——基于理性崇拜的视角》，《兰州学刊》2008年第9期。

际问题的科学方法论，更能够上升为一种信仰，并成为真理性信仰的典型代表。2012 年 11 月 17 日，习近平总书记在十八届中央政治局第一次集体学习时的讲话中指出，“对马克思主义的信仰，对社会主义和共产主义的信念，是共产党人的政治灵魂，是共产党人经受住任何考验的精神支柱”，“现实生活中，一些党员、干部出现这样那样的问题，说到底是信仰迷茫、精神迷失”。[①] 立足新时代，中国共产党人必须要继续坚持和运用辩证唯物主义和历史唯物主义的世界观和方法论，不仅在实践中运用马克思主义方法论解决问题，更要在思想上坚持用马克思主义理论教育和武装自身；唯有做到理论与实践相一致，坚持真理的目标才能实现，修正错误的能力才得以彰显。

第二，坚持实事求是原则。实事求是原则作为马克思主义的精髓，是秉持坚持真理、修正错误的根本立场的科学态度。坚持实事求是，就是坚持一切从实际出发，用科学、客观、理性的态度来研究和解决问题，坚持实践是检验真理的唯一标准，并在实践中反复检验真理、发展真理。“实事求是”概念是由毛泽东同志在 1938 年党的六届六中全会上提出的；1941 年

① 中共中央文献研究室编《十八大以来重要文献选编》（上），中央文献出版社 2014 年版，第 80—81 页。

5 月，毛泽东同志在延安干部会议上，作了以《改造我们的学习》为题的报告，对“实事求是”作了进一步科学的阐释。“‘实事’就是客观存在着的一切事物，‘是’就是客观事物的内部联系，即规律性，‘求’就是我们去研究”①。“文化大革命”结束后，党中央认真总结反思了过去十年的错误路线，在复杂的现实环境中抓住思想路线拨乱反正这一具有决定意义的关键环节，多次反复在公开场合强调实事求是是马克思主义的思想基础，是毛泽东思想的出发点、根本点。基于此，党的十一届三中全会重新确立了解放思想、实事求是的思想路线，坚决把党和国家工作的重点转移到社会主义现代化建设上来，从而实现中国共产党成立以来党和国家历史上具有深远意义的伟大转折。立足新时代，以习近平同志为核心的党中央对实事求是原则提出了更高标准和要求。习近平总书记强调，“坚持从实际出发、实事求是，不只是思想方法问题，也是党性强不强问题。从当前干部队伍实际看，坚持实事求是最需要解决的是党性问题”②。毋庸置疑，坚持一切从实际出发、实事求是，一直以来是中国共产党治国理政的出发点和落脚点。值得提及的是，作为马克思主义纲领性文件，三个历史决议充分彰显了

① 《毛泽东选集》第 3 卷，人民出版社 1991 年版，第 801 页。

② 习近平：《努力成为可堪大用能担重任的栋梁之才》，《求是》2022 年第 3 期。

中国共产党坚持实事求是原则的优良传统，坚决把坚持真理、修正错误作为党的建设过程中的根本立场。三个历史决议坚持历史唯物主义和辩证唯物主义世界观、方法论，在深刻总结中国共产党过去为什么能够获得成功的基础上，科学阐释了未来怎样才能继续成功，以批判继承的矛盾分析法彰显出中国共产党不怕犯错、勇于承错、坚决纠错的鲜明品格与优秀品质，为全党全国各族人民以史为鉴、实现中华民族伟大复兴的中国梦提供了宝贵的精神财富。

第三，坚持民主集中制。民主集中制作为党的根本领导制度和组织制度，是规范党内政治生活、处理党内关系的基本准则。党章中明确规定了民主集中制同坚持真理、修正错误间的关系问题："民主集中制是民主基础上的集中和集中指导下的民主相结合"，"党在自己的政治生活中正确地开展批评和自我批评，在原则问题上进行思想斗争，坚持真理，修正错误"。回顾百年党史，民主集中制为中国共产党坚持真理、修正错误提供了重要规范和约束。遵义会议作为落实民主集中制的典范，党内主要领导在会上明确指出博古、李德在原则问题上的错误，并坚决同错误原则进行思想斗争，秉持坚持真理、修正错误的根本立场，为扭转中国革命的时局作出了关键决定。毛泽东同志在专门论述民主集中制时指出，（我们的态度是）"坚持真理，随时修正错误。我们工作中的是和非的问题，正确和错误的问题，这是属于人民内部矛盾问题。解决人民内部矛盾，不能用咒骂，也不能用拳头，更不能用刀枪，只能用讨论的方法，说理的方法，批评和自我批评的方法，一句话，只能用民主的方法，让群众讲话的方法”①。历史和实践反复证明，坚持真理、修正错误离不开民主集中制的规范与保障，贯彻落实民主集中制原则同时是坚持真理、修正错误的重要实践路径。

第四，坚持党的自我革命。勇于自我革命是我们党最鲜明的品格，也是我们党最大的优势。坚持自我革命是中国共产党百年奋斗的历史经验，更是坚持真理、修正错误的根本保证。党的十八大以来，以习近平同志为核心的党中央总结历史经验，为更加科学全面地回应“历史周期率”问题提供了第二个答案——自我革命。习近平总书记指出：“一百年来，党外靠发展人民民主、接受人民监督，内靠全面从严治党、推进自我革命，勇于坚持真理、修正错误，勇于刀刃向内、刮骨疗毒，保证了党长盛不衰、不断发展壮大。”② 坚持真理、修正错误是坚持党的自我革命的客观要求，勇于推进党的自我革命是贯彻坚持真理、修正错误原则的路径依托。中国共产党的伟

---

① 《毛泽东著作选读》（下册），人民出版社 1986 年版，第 816 页。

② 《坚持严的主基调不动摇　坚持不懈把全面从严治党向纵深推进》，《人民日报》2022 年 1 月 19 日。

大不在于不犯错误，而在于从不讳疾忌医，始终保持着自我革命精神，保持着承认并改正错误的勇气。秉持坚持真理、修正错误根本立场，必须推进党的自我革命伟大实践，立足新时代全面从严治党的战略高度，深刻领悟党的自我革命制度规范体系完善建构的科学内涵。

（二）发现问题、纠正偏差的功能特性

发现问题、纠正偏差机制除在价值内涵上同坚持真理、修正错误存在共性，在功能特性方面则与坚持真理、修正错误存有差异，展现出独有的机制优势，并同后者形成了有效配合与互补，共同致力于完善党的自我革命制度规范体系。

第一，预防性。相较于坚持真理、修正错误，预防性是发现问题、纠正偏差的典型特征。所谓预防，就是指针对事物发展过程中可能出现的偏离主观预期、偏离运行轨道或偏离客观普遍规律行为及现象，预先作出的一系列必要措施，以避免问题进一步恶化并将损失降至最低。推进党的自我革命伟大实践，既靠治、也靠防，既要与背离党性原则的行为作坚决斗争，同时也要提高忧患意识，在发现问题上下功夫，有效预防小偏差酿成大错误。立足新时代，面对艰巨繁重的改革发展稳定任务，习近平总书记多次强调坚持底线思维、增强忧患意识。其中，坚持真理原则可以视为对底线原则的阐释，而发现问

题、纠正偏差则是对增强忧患意识的科学回应。2023 年 2 月，习近平总书记在学习贯彻党的二十大精神研讨班开班式上，围绕正确理解和大力推进中国式现代化进行了系统深刻的阐释。其中，习近平总书记着重强调了忧患意识和底线思维的重要性，并提出了居安思危、未雨绸缪，敢于斗争、善于斗争的客观要求。[①] 历史和实践反复证明，增强忧患意识、始终居安思危是中国共产党面对各种风险、应对各种挑战时所必须坚持的重大原则，是中国共产党革命建设经验的高度凝练。忧患意识强调必须要在实践中及时发现问题、主动纠正偏差，以实现防微杜渐之效果。总而言之，预防性是发现问题、纠正偏差的突出特性，推进党的自我革命伟大实践，必须重视预防性功能的重要作用。

第二，及时性。预防问题的关键在于及时发现问题，发现问题的及时与否，直接决定了问题本身的偏差大小。偏差首先作为一种偏离，是对已批准的程序及标准的偏离，大致可分为关键偏差、一般偏差和微小偏差，偏差是具有明显的层级分类的。坚持真理、修正错误中的“错误”，往往触及到党性原则问题，其危害程度与危险程度已经威胁到党的生死存亡。因此，与坚持真理、修正错误中“错误”的程度有所区别，偏

---

① 《正确理解和大力推进中国式现代化》，《人民日报》2023 年 2 月 8 日。

差本身具有相对宽泛的界限，这便对发现问题、纠正偏差的及时性提出更高要求。尽早发现问题、纠正偏差，就能够发挥机制的优势作用，实现防微杜渐的效果；忽视甚至漠视偏差的危害，便可能存在“小问题演变成大问题，个别性问题蔓延成普遍性问题，容易解决的问题演变成老大难问题”①，并存在酿成新错误的隐患。因此，有效发挥发现问题、纠正偏差的机制效用，必须重视及时性要求，贯彻“抓早抓小、防微杜渐”理念，确保党的自我革命实践高效有力。

第三，机动性。发现问题、纠正偏差语境下的机动性，是指发现问题的意识机动性与纠正偏差的方式机动性。意识机动性与发现问题、纠正偏差的及时性特征联系紧密，要求行为主体自觉养成发现问题的意识、提升解决问题的能力。立足新时代，针对党内存在的“一些党组织对党员干部的轻微问题不以为然、习以为常，对违规违纪的小病小患放置一边、不管不问，等到‘疾在腠理’发展为‘病入膏肓’时再施救已为时晚矣”② 的情况，习近平总书记多次强调要敢于较真碰硬，见物见人见细节，从点滴抓起，从具体问题管起，及时发现问题，纠正偏差。意识支配行动，意识的机动性决定行动的及时

① 原晓红、沈叶：《如何精准有效发现问题·之二　及时是关键》，《中国纪检监察》2022 年第 10 期。

② 邓青、次旦白珍：《监督于微末之时》，《中国纪检监察》2022 年第 16 期。

性。首先，完善党的自我革命规范制度体系必须从认识上端正态度，自觉提高政治站位，深刻认识到“小事小节”对自我革命的潜在风险，将小问题及时有效遏制。其次，方式机动性则强调纠正偏差措施的精准性。伴随党的自我革命伟大实践不断深入，精准有效运用监督执纪“四种形态”成为全面从严治党的重大实践和理论创新。“四种形态”秉持实事求是原则，通过党规党纪与国家法律间的衔接协调，践行“惩前毖后、治病救人”的方针，发挥各种形态在监督执纪实践中的优势效用。尤其针对发现问题、纠正偏差机制的预防性特征来说，作为监督执纪“四种形态”关键的第一种形态，无疑发挥着“第一道防线”的作用，真正践行了机制的科学内涵，实现了机制运行的现实目标。当然，措施的精准性不仅强调“精”，更要抓住“准”。具体来说，“四种形态”为纪检监察机关监督执纪提供了良好参照，同时也为纠正偏差提供了科学限度，既不能“大题小做”，也不应“小题大做”，既要保证偏差纠正的实际效果，更要确保长期坚持党的自我革命。

（三）坚持真理、修正错误，发现问题、纠正偏差的实践路径

实践是检验真理的唯一标准。坚持真理、修正错误，发现

问题、纠正偏差效能的有效发挥，有赖于在反复的实践中不断挖掘和探寻机制本身的客观规律，并在总结规律的基础上丰富机制内涵、激发机制活力。

1. 坚持真理、修正错误以党内批评为基本方法

作为马克思主义政党，坚持批评和自我批评是中国共产党坚持真理、修正错误的基本方法，同时也是解决党内矛盾的有力武器。回顾百年党史，中国共产党正是充分利用党内批评这一重要武器，有力打击了党内存在的各种极端危险思想与危害行为，在危急关头实现了党的革命转折、战略转变、建设转型，推进了党内民主政治生活的健全完善。毛泽东同志在总结整风运动成效时指出，“整风运动之所以发生了很大的效力，就是因为我们在这个运动中展开了正确的而不是歪曲的、认真的而不是敷衍的批评和自我批评”①。作为坚持真理、修正错误的基本方法，“党内的批评与自我批评不是无原则的，而是在坚持一定原则要求基础上进行和展开的”，其本身就要求坚持“实事求是、有的放矢的原则”，这同中国共产党坚持真理、修正错误的根本立场具有价值目标一致性。② 2013 年，习近平总书记在参加河北省委常委班子专题民主生活会时指

① 《毛泽东选集》第 3 卷，人民出版社 1991 年版，第 1096 页。

② 张书林：《党内批评与自我批评的理论思考》，《理论探索》2014 年第 1 期。

出，“坚持党要管党、从严治党，必须提高领导班子发现和解决自身问题的能力。要坚持贯彻执行民主集中制、坚持用好批评和自我批评武器、坚持严格党内生活、坚持党性原则基础上的团结”①。历史和实践反复证明，认真开展党内批评和自我批评，是秉承坚持真理、修正错误原则的实践保障。如上所述，党章在规范民主集中制时明确规范党在自己的政治生活中正确地开展批评和自我批评，在原则问题上进行思想斗争，坚持真理，修正错误。由此，完善党的自我革命制度规范体系，必须重视党内批评的极端重要性，强化党内批评和自我批评在落实坚持真理、修正错误机制方面的保障作用，为推进新时代党的自我革命、深化全面从严治党提供实践动能。

2. 坚持真理、修正错误以斗争精神为气质品格

斗争精神作为中国共产党人的精神血脉，是马克思主义政党的鲜明品格，是中国共产党能够取得各项成就的不竭动力。唯物辩证法认为，矛盾是事物发展的动力。矛盾双方既有同一性，又有斗争性，推动着事物不断发展。矛盾的同一性是相对的，斗争性是绝对的。② 党的二十大报告在阐述“新时代新征程中国共产党的历史任务”部分，明确将“坚持发扬斗争精

① 习近平：《批评和自我批评是解决党内矛盾的有力武器》，《党建》2013 年第 10 期。

② 杨存社：《发扬斗争精神　掌握斗争本领》，《红旗文稿》2023 年第 3 期。

神”作为中国共产党在前进道路上必须牢牢把握的重大原则之一，强调要全力战胜前进道路上各种困难和挑战，依靠完全斗争打开事业发展新天地。我们强调的“斗争”是广义上的斗争，既不是针对谁的斗争，也不是该如何具体斗争，而是要在应对一切困难与挑战过程中时刻发扬斗争精神，勇于斗争、善于斗争，不断提升斗争本领。坚持真理、修正错误所强调的斗争，就是要在面对党内思想原则错误时，有敢于斗争的勇气和敢于胜利的决心，坚决维护马克思主义基本原理、理想信念与党性原则的绝对真理性。敢于坚持真理、勇于修正错误正是因为任何真理都是符合人民利益的、任何错误都会损害人民利益。因此，在坚持真理、修正错误实践中发扬斗争精神的气质品格，符合最广大人民群众的根本利益，是新时代党的自我革命伟大实践的现实必需。

3. 发现问题、纠正偏差以党内监督为主要抓手

推进党的自我革命伟大实践，发扬党的自我革命伟大精神，关键就是要具备正视问题的意识、发现问题的能力和解决问题的勇气。党的十八大以来，以习近平同志为核心的党中央高度重视党的纪律建设，不断深化党的纪律检查体制和国家监察体制改革，纪检监察机关肩负着“发现问题、纠正偏差，抓早抓小、防微杜渐，惩前毖后、治病救人”的监督使命。

2022年，党中央颁布的首部全面规范纪律检查委员会工作的专门性党内法规——《中国共产党纪律检查委员会工作条例》，其中明确规定，“坚持把监督作为基本职责，抓早抓小、防微杜渐”。监督作为纪检监察机关的基本职责、第一职责，是发现问题、纠正偏差的主要方式和关键路径。近十年来，党中央坚持问题导向、加强顶层设计，强化对权力运行的制约和监督，始终秉承“把权力关进制度的笼子里”，科学构筑起党的统一领导、全面覆盖、高效权威的监督体系，为发现问题、纠正偏差提供了坚实的制度保障。保证纪检监察监督实效，必须以政治监督为统领。政治问题在任何评价体系中都是根本性的重大问题，政治监督是纪检监察监督区别于其他主体监督的鲜明特征。推进政治监督具体化、精准化、常态化，必须紧紧围绕“两个维护”的根本任务，聚焦新时代党的自我革命目标要求，以强化纪律建设巩固政治建设，提高党员群体的政治敏锐性和政治鉴别力，不断加强政治历练，自觉站稳政治立场。与此同时，推进纪检监察监督实效，必须有效发挥巡视监督和派驻监督的优势功能。巡视作为党内监督的战略性制度安排，是发现问题、纠正偏差的重要利器。党的十八大以来，巡视全覆盖实现了对全党的全面政治体检，为深化发现问题、纠正偏差机制实践锻造了监督利剑，巡视整改与成果运用更为推进党的自我革命注入活力。派驻监督作为加强党内监督的重要措施，进一步彰显出监督本身想在先、跟得紧、发现早、联动快等实践优势，保证发现问题、纠正偏差机制预防性、及时性、机动性功能的有效发挥。最后，必须增强“关键少数”和领导班子监督实效，强化“一把手”监督意识与监督能力，压实监督主体关键责任，做到严于律己、严负其责、严管所辖。总而言之，强化监督才能发现问题，主动监督才能大有作为。推进发现问题、纠正偏差机制不断创新，必须认识到党内监督的价值与意义，只有党内监督掷地有声，党外监督才能配合奏效，中国特色的监督体系才得以科学构建。

4. 发现问题、纠正偏差以制度治党为根本之道

治理现代化的典型特征就是制度治理。“古今中外法治实践反复证明，较之‘人治’，依靠普遍适用、反复适用、长期适用、面向未来适用的规章制度来奉行制度之治，这是理性可靠的治理方式。”① 坚持制度治党、依规治党是政党现代化的必然选择，是推进党的自我革命伟大实践的路径遵循，是形成发现问题、纠正偏差机制的实践保障。党的十八大以来，以习近平同志为核心的党中央着眼于党长期执政和国家长治久安，高度重视制度治党、依规治党，坚决把加强党内法规制度建设作

① 宋功德：《坚持依规治党》，《中国法学》2018 年第 2 期。

为全面从严治党的长远之策、根本之策，巩固筑牢新时代党内法规制度建设的“四梁八柱”。历史和实践充分证明，新时代持之以恒推进全面从严治党，以党的自我革命引领社会革命，科学完善党的自我革命制度规范体系，必须坚持制度治党、依规治党。

坚持制度治党、依规治党为践行发现问题、纠正偏差机制提供制度保障。立足新时代，党内法规制度建设以解决管党治党突出问题为着力点，坚持思想建党和制度治党同向发力，通过党内法规立改废释不断为推进党的自我革命伟大实践注入制度活力。党的十八大以来，党中央先后制定、修改了《关于新形势下党内政治生活的若干准则》《党内监督条例》《纪律处分条例》《党员权利保障条例》等党内法规主干，使已经发生的突出矛盾和问题得到有效的解决，有效防范了新的矛盾和问题滋生蔓延。与此同时，党中央还先后起草了《中共中央关于加强对“一把手”和领导班子监督的意见》《中央纪委国家监委关于进一步加强纪律监督、监察监督、派驻监督、巡视监督统筹衔接的意见》《纪检监察机关派驻机构工作规则》等重要规范性文件，为破解监督工作难题、发挥派驻监督“探头”作用、健全党和国家监督制度提供了路径遵循，为落实发现问题、纠正偏差机制提供了制度保障。总而言之，党内法规制度体系的健全完善为坚定不移推进全面从严治党、坚持和完善党和国家监督体系发挥了重要保障作用，确保形成坚持真理、修正错误，发现问题、纠正偏差机制成为现实可能。新时代推进党的自我革命伟大实践，必须坚持制度治党、依规治党，不断健全完善党的自我革命规范制度体系，开辟党的自我革命新境界。

完善党的自我革命制度规范体系过程中，形成坚持真理、修正错误，发现问题、纠正偏差的机制具有重大创新价值和现实意义，尤其是发现问题、纠正偏差的机制。“大党独有难题”是习近平总书记提出的重大理论命题，在2023年初二十届中央纪委二次全会上，习近平总书记站在党和国家事业发展全局的战略高度，用“六个如何始终”对大党独有难题作出深刻阐释，“六个如何始终”其中之一就是“如何始终能够及时发现和解决自身存在的问题”。[①] 由此，我们必须聚焦发现问题、纠正偏差的机制构建，不断解决好影响党和国家事业发展的倾向性、政策性问题，才能真正理解和贯彻好完善党的自我革命制度规范体系的要求。[②]

---

① 《一刻不停推进全面从严治党　保障党的二十大决策部署贯彻落实》，《人民日报》2023年1月10日。

② 韩强：《论中国共产党发现问题、纠正偏差机制的构建》，《理论探讨》2023年第2期。